Jean Paul Marat · Die Ketten der Sklaverei

Nebenstehender Haupttitel entspricht in der Aufteilung
der französischen Ausgabe von 1792.

Die Ketten der Sklaverei

Dieses Werk ist dazu bestimmt, die finsteren Attacken der Fürsten gegen die Völker zu enthüllen, die geheimen Hilfsmittel aufzuzeigen, die Schliche, die Tricks, die Kunstgriffe und schließlich den Staatsstreich, die sie anwenden, um die Freiheit zu zerstören. Nicht zuletzt sollen die blutigen Szenen vor Augen geführt werden, die den Despotismus vom Anbeginn der Menschheit an bis zum heutigen Tag begleiten.

von

J. P. Marat

dem Freund des Volkes

Im ersten Jahr der Republik

Übersetzung aus dem Französischen
von Reinhard Seufert, Stuttgart
Titel der Originalausgabe: *Les chaines de l'esclavage*
Erschien 1774 erstmals in England; 1792 erste Ausgabe in
Frankreich, nach der die vorliegende Übersetzung
angefertigt worden ist.

ISBN 3-87958-701-9
1. Auflage 1975

Verlag Andreas Achenbach, Gießen/Lollar
Printed in Germany (GFR) 1975 by Osswald GmbH Wetzlar
Satz H. K. Braun, Launsbach bei Gießen
Buchbinderische Verarbeitung
Brühlsche Universitätsdruckerei Gießen

INHALT

Vorwort von Reinhard Seufert

Wie Jean Paul Marat in seinen eigenen Schriften niedergelegt hat, ist das vorliegende Werk *Die Ketten der Sklaverei* im Jahre 1774 zum ersten Mal veröffentlicht worden. Den Angaben Marats zufolge ist es schon vorher in einzelnen Notizen und Bruckstücken vorhanden gewesen, dann aber innerhalb verhältnismäßig kurzer Zeit aus Anlaß der Parlamentswahlen in England in Buchform herausgebracht worden.
Es verdient Erwähnung, daß sich Marat mit diesem in leidenschaftlicher Form gegen das absolutistische und monarchistische Regierungssystem gerichteten Werk gedanklich bereits befaßte, als er von dieser Gesellschaftsordnung noch in hohem Maße profitierte. Hatte er doch eine sehr gute Stellung beim Grafen von Artois, dem späteren König Karl X und jüngsten Bruder von Ludwig XVI. Während er also noch durchaus ein Günstling auch der Damenwelt war, hatte sich in ihm bereits ein tiefer Widerwille, der sich dann bis zum verzehrenden Haß steigerte, gegen das damals fast überall in Europa herrschende System festgesetzt.
Im absolutistischen Frankreich wäre die Veröffentlichung eines solchen Buches aus naheliegenden Gründen unmöglich gewesen. Schon eher konnte der Versuch im parlamentarisch regierten England riskiert werden.
Daß das Werk unter erheblichem Zeitdruck entstanden ist, zeigt sich an dem nicht chronologisch erfolgten Aufbau, an einer gewissen Sprunghaftigkeit und gelegentlichen Wiederholungen. Auch die Einteilung in 65 Kapitel stark unterschiedlicher Länge zeigt, daß es Marat mehr auf sein Thema, auf sein fleißig zusammengetragenes Material und schließlich auf die Beeinflussung und Aufrüttelung seiner Mitbürger, also Agitation, ankam, als auf eine in strenger und kontinuierlicher Gedankenfolge aufbauende Abhandlung.

Die Fußnoten bzw. Anmerkungen nehmen in diesem Werk einen breiteren Raum ein, als dies sonst in der Literatur üblich ist. *Um eine flüssige Lektüre zu ermöglichen, werden die Anmerkungen fortlaufend im Text gebracht und sind zur besseren Hervorhebung kursiv gesetzt.* Der Autor hat zuweilen darauf verzichtet, sein Material in den eigentlichen Gedankenfluß einzubauen, vergleichbar etwa der leidenschaftlichen Rede eines Volkstribunen, den die Materie selbst mitreißt und immer wieder zu unvorhergesehenen Zwischenbemerkungen und Erläuterungen veranlaßt.

Marat sah sich nicht nur als Revolutionär, sondern auch als Philosoph an, der sich über den Menschen in allen seinen Schattierungen und Nuancen Gedanken gemacht hat. Der Rang eines großen Denkers wurde ihm jedoch von seinem Zeitgenossen Voltaire streitig gemacht. Dennoch ist es unverkennbar, daß Ansätze zu grundsätzlichen weltanschaulichen Fragen, die über das rein demagogische hinausgehen, auch in dieser Arbeit ihren Niederschlag gefunden haben.

Anders als viele nach ihm kommende Revolutionäre und Schriftsteller weist Marat einen praktikablen Weg menschlichen Zusammenlebens *en detail* nicht nach. Die von ihm erstrebte und mit Emphasis geforderte Freiheit ist eine Antiautorität um ihrer selbst willen, die sich anstatt gegen einen Monarchen genau so gut gegen einen Diktator, aber auch – und dies sei besonders vermerkt – gegen jegliche Bevormundung und ungerechtfertigte Inanspruchnahme der Bürger überhaupt, richtet, ohne deshalb einer Anarchie das Wort zu reden.

200 Jahre sind seither vergangen. Der Verlag nimmt dieses Jubiläum zum Anlaß, das Werk erstmalig in deutscher Sprache vorzulegen. Vieles aus dem Maratschen Gedankengut hat sich inzwischen von selbst erledigt. Manches ist aber auch über-

raschend zeitlos und modern und zeigt, daß gerade die Punkte, die sich auf menschliche Schwächen beziehen, in diesen zwei Jahrhunderten sich kaum geändert haben.
1792 erschien das Werk dann erstmalig in Frankreich und in der Sprache des Landes. Manche seiner Forderungen waren von der Geschichte eingeholt worden. Ein Jahr später schon wurde der Autor von Charlotte Corday ermordet; es blieb ihm dadurch erspart, mitzuerleben, wie wenig die Grundsätze seines Werkes in der darauf folgenden weiteren historischen Entwicklung Berücksichtigung fanden.
Gerade in dieser Zeit, da revolutionäre Ideen vielerorts die Gemüter erhitzen, nach neuen Gesellschaftsordnungen gesucht wird und noch keineswegs Klarheit darüber herrscht, welches denn nun die beste Staats- und Regierungsform schlechthin sei – in einer Zeit, in der die Skala von despotischer Diktatur bis zum Parlamentarismus, und vom Sozialismus bis zum Kommunismus reicht –, ist es von besonderem Interesse, zu erfahren, was der – wenn man so will – Chefredakteur der größten Revolution aller Zeiten zu diesem Problemkomplex anzubieten und den Zeitgenossen des Jahres 1975 zu sagen hat.

Marat über:

Die Ketten der Sklaverei

Das Werk, das ich heute veröffentliche, befand sich in Form einiger Aufzeichnungen seit Jahren in meinem Besitz und wurde 1774 zum ersten Mal veröffentlicht. Es sei mir gestattet, hier einige Worte über seine Entstehung und seinen Erfolg zu äußern. Die geheimen Verfolgungen, die es mir von seiten des Cabinet St. James eingebracht hat, wird meinen Lesern schon ein Anhaltspunkt dafür sein, daß das englische Ministerium der Sache einige Wichtigkeit beimaß.

Seit meiner Jugend habe ich mich dem Studium der Natur gewidmet. Ich machte mir frühzeitig Gedanken über die Menschenrechte, und niemals ließ ich eine Gelegenheit aus, deren Verfechter zu sein.

Ich fühlte mich als Weltbürger in einer Zeit, in der die französischen Untertanen noch gar nicht auf die Idee kamen, über die Grenzen ihres Landes hinauszublicken. Ich war immer ein Apostel der Freiheit und hatte manches Mal auch dafür zu leiden. Ich zitterte davor, daß die Freiheit, dieses kostbarste Gut des Individuums, eines Tages gänzlich von der Erde verbannt werden könnte. Ich war entschlossen, mich diesem ursprünglichen Recht des Menschen voll und ganz zu widmen. Ich wollte deshalb bei ihrem Triumph auf der britischen Insel dabei sein, wo sie ja schon immer, wenn auch in bescheidenem Ausmaß, ein gewisses Refugium hatte.

Ein für seine Bestechlichkeit bekanntes Parlament ging seinem Ende entgegen, und der Augenblick der Neuwahlen, auf die ich meine ganze Hoffnung setzte, folgte. Man mußte den Wählern Großbritanniens die Notwendigkeit klarmachen, ihre Wahl auf freisinnige, tugendhafte und einsichtige Männer

fallen zu lassen. Das einzig praktikable Mittel hierfür war, die Engländer aus ihrer Lethargie zu erwecken, ihnen die unschätzbaren Vorteile der Freiheit auszumalen, ebenso wie das Übel des Despotismus und die Schrecken der Tyrannei; mit einem Wort, in ihre Seele das heilige Feuer zu übertragen, das die meinige verzehrte. Das war der Zweck meines Buches.
Aber wie sollte es von einer Nation, die gegen alles Fremde voreingenommen ist, aufgenommen werden, wenn nicht in der Landessprache? Um das Interesse zu erhöhen, entnahm ich der englischen Geschichte einen Großteil meiner Beispiele zur Untermauerung meiner Erkenntnisse. Außer meinen bereits vorhandenen Notizen habe ich vor der endgültigen Fassung noch dreißig dickleibige Bände verschlungen, aufgearbeitet und übersetzt. In einer Zeitspanne von drei Monaten mußte das Werk fertig gestellt werden. Der Termin war knapp, mein Eifer und meine Aktivität waren grenzenlos. In dieser Zeit arbeitete ich regelmäßig 21 Stunden pro Tag und hatte kaum zwei Stunden Schlaf. Um mich wach zu halten, machte ich so starken Gebrauch von schwarzem Kaffee, daß ich fast umgekommen wäre, mehr noch als vom Übermaß an Arbeit.
Das Werk kam endlich aus der Druckpresse. Der heiße Wunsch, es rechtzeitig zu bringen, hielt meinen Mut bis dahin aufrecht. Als ich es dem Verleger überreicht hatte, fiel ich in einen Zustand äußerster Entkräftung. Ich verlor das Gedächtnis und wurde apathisch. Erst nach 14 Tagen erholte ich mich etwas mit Hilfe von Ruhe und Musik.
Sobald ich wieder meiner Arbeit nachgehen konnte, war meine erste Sorge, mich um das Schicksal des Werkes zu kümmern. Ich erfuhr, daß es noch nicht veröffentlicht war. Ich ging zu den Verantwortlichen, die es hätten ankündigen müssen. Niemand hatte daran gedacht, einige wollten sogar von ihren Zusagen und Verträgen nichts mehr wissen, aber

ich ließ nicht nach. Ich machte alle notwendigen Gänge selbst, und ungeduldig sprach ich bei den verschiedenen, für die Veröffentlichung zuständigen Stellen vor. Ich bot sogar an, auf der Stelle die Kosten zu übernehmen. Alle weigerten sich, ohne einen Grund für dieses seltsame Verhalten angeben zu wollen.

Ein einziger – es war Sir Woodfall, der Herausgeber des Public Advertiser – gab mir diskret zu verstehen, daß das Buch vielleicht unerwünscht sein könnte. Allmählich dämmerte mir die Erkenntnis, daß alle Beteiligten inzwischen gekauft worden waren.

Um die Bestätigung dafür zu haben, bot ich 10 Guineen für eine einfache Annonce, das Mehrfache des normalen Preises. Es war nichts zu machen. Mir war nun klar, daß eine Börse, mit der meine nicht mehr mithalten konnte, mich überspielt und ausmanövriert hatte.

Der Eifer, mit dem Sir Becket, der Buchhändler des Prinzen of Wales, seinen Namen von der Verlegerliste gestrichen haben wollte, brachte mich auf die richtige Spur. Ich stellte zu spät fest, daß der zuständige Minister aus Furcht, das Werk könne etwas über die obrigkeitlichen Schliche verraten, den Verleger, den Drucker und schließlich auch noch die Zeitung bestochen hatte. Ich besorgte mir weitere Informationen. Mein Drucker war Schotte und mit Lord North bekannt, der die Druckfahnen überprüfte. Er deutete mir an, daß das Buch zu weit ging und ich sogar Schwierigkeiten bekommen könnte. Als Autor des Buches war ich wohl befähigt, Attentate durch Minister vorausahnen zu können; und so war ich keineswegs willens, mich in dieser Sache überfahren zu lassen. Sechs Wochen lang hatte ich zwei Pistolen unter meinem Kopfkissen und war fest entschlossen, jeden Staatsdiener gebührend zu empfangen, der mir etwa meine Manuskripte hätte wegnehmen wollen.

Aber es kam niemand. Der Minister wußte so gut über mich Bescheid, daß er es für zweckmäßiger fand, mit List vorzugehen. Dies umso mehr, als er davon ausgehen konnte, daß ich mich als Fremder doch nicht so richtig würde zur Wehr setzen können.
Empört über diese Hemmnisse, die sich gegen mein Werk richteten, faßte ich den Entschluß, einen Teil der Auflage an die patriotischen Gesellschaften in Nord-England zu schicken, da diese als absolut unparteiisch galten. Aber der Minister erhielt auch von dieser Sache Kenntnis. Um mich auszuschalten, ließ er mich von Spionen beschatten, die sich an meine Fersen hefteten, meinen Gastgeber bestachen und alle Briefe, auch die rein privaten, abfingen.
Als überhaupt keine Post mehr kam, wurde ich mißtrauisch und mußte erkennen, daß ich so nicht weiterkam. Um meine Gegner irre zu führen, faßte ich den Entschluß, nach Holland zu reisen, nach London über den Norden Englands zurückzukehren und unterwegs die Patriotischen Gesellschaften aufzusuchen, denen ich mein Werk geschickt hatte. Auf dieser von den Umständen erzwungenen Reise hielt ich mich dann drei Wochen in Berwick und Newcastle auf.
Hier wurden mir nun all die Machenschaften des Ministers enthüllt: Ich erfuhr, daß drei dieser Gesellschaften mir Verbrüderungsbriefe in einer goldenen Kassette geschickt hatten. Diese wurden zwar in meiner Abwesenheit einem meiner Verleger ausgehändigt, doch ließ sie der Minister unter Vorlage falscher Dokumente in meinem Namen dort wieder abholen.
Besonders die Gesellschaft von Newcastle wollte nicht dulden, daß ich allein die Kosten der übersandten Teilauflage tragen sollte. Sie ersetzte mir meine Auslagen und machte

außerdem eine Neuauflage, die in den drei Königreichen in Umlauf gesetzt wurde. Ich selbst wurde bei jeder Gesellschaft gefeiert, und man erkannte mir die Krone des Staatsbürgers zu.

Mein Triumph war vollständig, aber nicht von Dauer. Ich mußte zusehen, wie mit Hilfe von Geld, das großzügig unter die Leute gebracht wurde, der Minister es fertig gebracht hatte, das Werk zu unterdrücken, bis die Wahlen beendet waren. Er ließ ihm erst dann freien Lauf, als er das Erwachen der Wähler nicht mehr zu befürchten hatte.

Man sieht aus diesem Werdegang, daß ich nicht erst seit gestern auf dem Altar der Freiheit Opfer bringe. Vor 18 Jahren (1774–1792 R.S.) erfüllte ich bereits in England Pflichten, die einem die Bürgertugend auferlegt, mit derselben Opferbereitschaft, mit der ich sie in Frankreich seit der Revolution erfüllt habe. Um meinem Vaterland wirksam zu dienen, habe ich allen Gefahren getrotzt. Ich bin nicht davor zurückgeschreckt, Vorrechte der Krone anzugreifen. Um die Reform der englischen Verfassung zu bewirken und die Freiheit zu festigen, stellte ich mich der Anmaßung des Monarchen entgegen, entlarvte das Ränkespiel des Ministers und die Käuflichkeit des Parlaments. Schon damals mußte ich mir dafür manche Verfolgung gefallen lassen.

Die Schikanen, die ich seit dieser Zeit hinnehmen mußte, sind aber noch wesentlich größer gewesen. Damals habe ich viel Zeit verloren und hatte den Ärger darüber, mein Ziel verfehlt zu haben; immerhin aber auch die Ehre, in roten Lettern in den Registern Georgs III eingetragen zu sein. Um jedoch in blutigen Schriftzügen in den Annalen Ludwigs XVI, wie überhaupt aller europäischer Potentaten, aufzutauchen, mußte ich erst mit vielen Widerwärtigkeiten fertig werden. Die Not, die ich für die öffentliche Sache erlitten habe, ist kaum in Worte zu fassen.

Wenn doch wenigstens Frankreich nunmehr frei und glücklich wäre. Aber nein, es ächzt nach wie vor unter dem Joch der Tyrannei. *Dieser Absatz wurde vom Autor kurz vor den Ereignissen des 10. August niedergeschrieben (Erstürmung des Tuilerienpalastes und Absetzung des Königs. R. S.).*
Bürger Frankreichs! Warum war doch die mächtigste Nation auch immer die am meisten unterdrückte? Was hat sie nicht all die Jahrhunderte durchgemacht, geknechtet von Königen, Fürsten, Magnaten, von all diesen stolzen Herren, die sich als die Götter auf Erden bezeichnen und die man doch eher dem Abschaum der Menschheit zurechnen sollte. Welchem Elend haben dich doch deine Angeordneten – als Sklaven der Bestechlichkeit – ausgesetzt! Welche Angst und Schmach hast Du nicht durch deine unerbittlichen Feinde erlitten! Und deine Geduld ist noch nicht zu Ende?
Unglück genug wurde über das Land gebracht, als daß man nun nicht endlich die scheußliche Natur dieser autoritären Potentaten erkennen und das finstere Geflecht aus Betrug und Hinterlist durchschauen könnte.
Möge das Bild, das ich heute vor dem französischen Volk ausbreite, alle, ob groß ob klein, ob jung ob alt, mit Abscheu vor der Tyrannei erfüllen.
Möge dieses Werk die Bürger gegen alle Unternehmungen der Regierung wappnen und sie gegen alle autoritären Machenschaften auf der Hut sein lassen!
Und möge schließlich diese Nation niemals wieder das Opfer eines Monarchen und seiner Regierung werden.

Einleitung

Es scheint das unbegreifliche Schicksal des Menschen zu sein, daß er nirgendwo frei sein kann. Überall kommt der Despotismus zur Macht, und die Völker geraten in die Knechtschaft.
Eine Regierung bietet doch ein sonderbares Schauspiel. Man sieht dort einerseits die kühnen Pläne einiger Ehrgeizlinge, ihre gewagten Unternehmungen, ihre unwürdigen Schliche und die geheimen Verführungen, die sie ins Spiel bringen, um ihr auf Unrecht gebautes Reich zu errichten.
Andererseits sieht man dort die Nationen, die sich im Schutz der Gesetze ausruhen, aber dennoch in Knechtschaft leben. Man hat außerdem die vergeblichen Anstrengungen einer Anzahl Unglücklicher vor Augen, die sich der Unterdrückung entledigen wollen und damit auch der zahllosen Übel, die die Sklaverei mit sich bringt.
Es ist ein Schauspiel, grausig und großartig zugleich, in dem nacheinander die Ruhe, der Überfluß, das Spiel, der Pomp, die Festlichkeiten, die Hinterlist, der Verrat, die Erpressung, die Schikanen, das Elend, das Exil und schließlich Kampf, Blutbad und Tod auftreten.
Manchmal etabliert sich der Despotismus schlagartig durch Waffengewalt, und eine ganze Nation wird aufs Schärfste unterjocht. Dieser Weg der legitimen Autorität zur Willkürherrschaft ist jedoch nicht der eigentliche Inhalt dieses Werkes, sondern vielmehr die langsam und unaufhaltsam vorangetriebenen Anstrengungen, durch die die Völker nach und nach unter das Joch gebeugt werden und die ihnen mit der Zeit sowohl die Kraft als auch die Lust nehmen, diesen Zwang wieder abzuschütteln.
Bei genauer Erforschung des Despotismus stellt man fest, daß er eine notwendige Folgeerscheinung des Zeitablaufs, der

allzumenschlichen Neigungen und Schwächen, wie auch der fehlerhaften politischen Verfassung ist. Es wird in diesem aufgezeigt, wie der Staatschef einer freien Nation den Titel und die Rechte eines Beherrschers an sich reißt und schließlich die Gesetze durch seinen eigenen Willen ersetzt.
Wir lassen die Vielfalt der Machenschaften Revue passieren, deren sich die frevelhafte Dreistigkeit der Fürsten bedient, um die Verfassung zu untergraben. Folgen wir ihren finsteren Plänen und Intrigen, und gehen wir in die Details einer verhängnisvollen Politik. Enthüllen wir die Prinzipien dieser fintenreichen Kunst, und man wird begreifen, daß sich die überall und allerorts gegen die Freiheit geführten Angriffe in ein einheitliches Bild einordnen lassen. Bei der Durchführung dieses weit gespannten Projektes habe ich weniger Wert auf zeitliche Einordnung, als auf die Zusammenfassung der Gesichtspunkte gelegt.
Hat erst ein Volk einem seiner Mitglieder die gefährliche Macht der Autorität und auch die Sorge für die Einhaltung der Gesetze anvertraut – so findet sich dieses Volk früher oder später gerade von denjenigen, die es selbst zur Verteidigung seiner Freiheit bestellt hatte, in Ketten gelegt.
Wirft der Fürst erst einen Blick auf dieses Bündel der Macht, das ihm anvertraut ist, so versucht er alsbald aus dem Gedächtnis zu verlieren, aus welchen Händen er es erhielt. Ganz von sich und seinen Plänen überzeugt, erträgt er von Tag zu Tag weniger den Gedanken seiner Abhängigkeit, und er versäumt nichts, um sich dieser zu entledigen.
In einem neu gegründeten Staat mit offenen Schlägen gegen das Gebäude der Freiheit angehen zu wollen, wäre ein gewagtes Unterfangen. Wird der Kampf um die Macht jedoch mit offenem Visier geführt, so merken die Untertanen, daß man sie versklaven will, und sie behalten immer die Oberhand.

Gleich bei den ersten Versuchen der Machtergreifung vereinigen sie sich, und der Usurpator läuft Gefahr, die Früchte seiner Anstrengung zu verlieren. Dann ist es um seine Autorität geschehen, sofern er sich nicht die allergrößte Mäßigung auferlegt. *Da der römische Senat zu gewalttätig auftrat, verlor er seine Macht: Das Volk fühlte nämlich die Notwendigkeit, Beschützer zu haben, und schuf die Tribunen. Neue Übergriffe des Senats verschafften dann diesen Tribunen neue Vorrechte.*
Demzufolge treten die Fürsten am Beginn ihrer Regierung zumeist nicht mit markanten Unternehmungen zur Unterdrückung der Freiheit hervor. Sie bereiten vielmehr ihre Maßnahmen von langer Hand vor und feilen fast unvernehmbar am Staatsgebäude.

Durch unauffällige, aber zähe Anstrengungen und kleine, kaum merkliche Änderungen und Neuerungen, deren Tragweite sich nur sehr schwer voraussehen läßt, verfolgen sie lautlos und unbeirrt ihr Ziel. J. P. M.

Über die Herrschsucht

Ein guter Fürst ist das nobelste Werk des Schöpfers. Er ist der geeignetste, um die menschliche Natur zu ehren und das Göttliche zu repräsentieren. Aber – wieviel Monster gibt es unter ihnen auf einen guten!
Fast alle sind unwissend, pracht- und prunksüchtig, nichts anderes im Sinn als Müßiggang und Vergnügungen. Die meisten sind Faulenzer, Feiglinge, andrerseits brutal, arrogant, kurz – unfähig zu irgendeiner löblichen Tätigkeit und dazu noch bar jeglichen Ehrgefühls. Einige sind zwar aktiv, haben einige Kenntnise, auch Talent, ja sogar Genie, Bravour oder Großzügigkeit. Aber Gerechtigkeit, diese kostbare Tugend fehlt ihnen vollständig. Auch unter denen, die mit glücklichen Anlagen geboren werden und diese sogar kultivieren, gibt es kaum einen, der nicht darauf erpicht wäre, sein Reich auszudehnen, sich als Herr aufzuspielen und dabei vom Despoten zum Tyrannen zu werden.
Die Herrschsucht ist dem Menschen angeboren, überall will er sich vordrängen. Aus diesem Prinzip leiten die Herrscher ihren Machtanspruch her. Sie ist die Quelle der Sklaverei unter den Menschen.
Zunächst wollen wir einen Blick werfen auf die mehr oder weniger große Fähigkeit der Völker, ihre Freiheit zu erhalten. Danach werden wir die Mittel prüfen, die eingesetzt werden, um diese, nämlich die Freiheit, zu zerstören.

Von der Größe des Staates

Die Staaten verdanken ihren Ursprung der Gewalt. Fast immer ist irgend ein vom Glück begünstigter Strauchdieb der Gründer, und fast überall werden die Gesetze zu polizeilichen Reglementierungen, die jedem den behaglichen Genuß des Geraubten erhalten sollen. Wie fragwürdig auch immer der Beginn der Staaten sein mag, in einigen brach sich die Gerechtigkeit trotz des Unrechts Bahn, und Freiheit entstand aus Unterdrückung.

Geringe Ausdehnung eines Staates wirkt sich vorteilhaft für die Erhaltung von Recht und Freiheit aus. Eine Volksregierung ergibt sich bei kleinen Staaten fast von selbst. Dort findet man die Freiheit in der vollkommensten Form.

In einem kleinen Staat kennt sich fast jedermann, jeder hat dieselben Interessen. Gemeinsame Gewohnheiten ergeben Vertrauen und Vertrautheit. Aus dem gegenseitigen Kennen entsteht Vaterlandsliebe. Dies sind Vorteile, deren die großen Staaten entraten müssen. Fast niemand kennt sich da, jeder ist jedem fremd. Je kleiner der Staat, desto leichter kann die Behörde das Volk, aber auch das Volk die Staatsführung kontrollieren.

Streitfälle kommen selten vor, sind besser zu begründen und leichter zu erledigen. Ehrgeizige Regierungsmachenschaften können leicht unter Kontrolle gebracht werden. Beim ersten Anzeichen von Gefahr vereinigt man sich gegen den gemeinsamen Feind und stoppt ihn.

Je größer die Staaten, desto weniger kommen diese vorteilhaften Gesichtspunkte zum Tragen. Fast unmerklich werden hier Recht und Gesetze abgebaut, und nur zu leicht wird versäumt, rechtzeitig Einhalt zu gebieten. So kann der nur oberflächlich kontrollierte Fürst sicher und schnell zur absoluten Herrschaft vordringen.

Das Alter der Nationen

Als sich die Staaten zu formen begannen, wurde ihr Charakter von handfesten und bäurischen Sitten gestaltet, von Kraft, Mut, Kühnheit, Schmerzverachtung, Stolz und Unabhängigkeitsdrang. Diesen Zustand könnte man als deren Kindheit bezeichnen.

Auf diese wilden Tugenden folgen die häuslichen, politischen und geschäftlichen. Der Staat wird großartig nach außen und gesetzt nach innen. Dies ist die Jugendepoche der Nationen.

Schließlich kommt der Handel, der Luxus, die Schönen Künste, die Wissenschaften, die Spitzfindigkeiten, die Verstädterung und die Verweichlichung. Früchte des Friedens, der Unbeschwertheit und der Freiheit. Alles Umstände, die die Nationen durchaus zum Blühen bringen können. Hier haben wir das Zeitalter ihres Erwachsenseins. Danach allerdings kommt die Degenerierung und der Sturz.

Im gleichen Maße wie die Staaten sich von ihrem Ursprung entfernen, verlieren die Völker nach und nach den Unabhängigkeitsdrang und den Mut, Feinde von außen zu bekämpfen. Und ebenso verlieren sie den Eifer, ihre Freiheit gegen die Feinde im Innern zu verteidigen.

Sie finden Gefallen an der Weichheit, und diese entfernt sie von kriegerischen Unternehmungen. Neue Bedürfnisse entstehen und bringen sie nach und nach in die Abhängigkeit eines ihnen Übergeordneten.

Die Entwicklung der Völker ist also derjenigen des Individuums völlig entgegengesetzt. In der Kindheit entfalten sie alle Kräfte, Energie und Unabhängigkeit. Vorteile, die sie mehr oder weniger mit zunehmendem Alter verlieren und von denen sie im Alter nicht einmal mehr eine Erinnerung haben. So kann man die Knechtschaft als ein Resultat des Alterungsprozesses erkennen. Nur einige wenige trotzen den Jahren und dem Zahn der Zeit. Sie erhalten sich während einer langen Epoche die Kraft ihrer Jugend: Ein Phänomen, das den politischen Körper vom kreatürlichen unterscheidet.

Der Armut verbündete Nationen

Wenn die Erziehung nicht die Seele erhebt und Verachtung des Goldes nicht von der Regierung gefördert wird, dann bewirkt die Armut Niedergeschlagenheit und führt zur Knechtschaft. Wie können Menschen, die durch ihr Elend erniedrigt sind, Freiheitsliebe kennen? Wie können sie die Kühnheit haben, der Unterdrückung zu widerstehen und das Reich der Mächtigen umzuwerfen, vor denen sie auf den Knien liegen!
Etwas anderes ist es, wenn die Liebe zur Armut vom Sozialen her inspiriert wird. So lange die Reichtümer des Staates auf dessen Territorium begrenzt sind und solange das Land einigermaßen gleichmäßig unter seine Bewohner aufgeteilt ist, so lange hat jeder die selben Bedürfnisse und auch die selben Mittel, um sie zu befriedigen. Die Bürger sind in diesem Fall so gut wie unabhängig voneinander. Dies ist die glücklichste Ausgangssituation für eine freiheitliche Regierung.
Aber wenn durch Erpressung und Raub, durch den Geiz der einen und die Verschwendungssucht der anderen das Land in wenige Hände übergeht, dann ändert sich alles: Mit dem Reichtum wird auch die Macht erworben. Und aus der Macht der einen resultiert die Knechtschaft der anderen: Die Klasse unabhängiger Bürger verschwindet, und der Staat besteht dann bald nur noch aus Herren und Untertanen. Die Reichen suchen zu genießen, die Armen zu überleben. Die Künste führen sich ein, und schließlich wird der gemeine Bürger nur noch zum Werkzeug der vom Glück Begünstigten.

Verweichlicht durch Seßhaftigkeit und den Luxus der Städte werden die Handwerker, Künstler und Händler mit ihrer Gier nach Gewinn zu käuflichen Intriganten, deren einziges Bestreben es ist, den Launen der Reichen zu schmeicheln, außerdem zu lügen und zu betrügen. *Schon die Römer betrachteten die Luxuskünste und den Handel als Sklavenberufe.*
Da sie im übrigen überall die Früchte ihres Gewerbes genießen können, haben sie bald kein Vaterland mehr.
Durch Wachstum der Bevölkerung wird es zunehmend schwieriger, die Mittel zur Erhaltung der Existenz zu beschaffen. Dies begünstigt eine Entwicklung, die dazu führt, daß der Staat bald nur noch aus niederem Volk besteht, das von einigen Mächtigen unterjocht wird. *Gerade das hat man durch die Einführung des Luxus schon in Sparta gesehen. Unter Lykurgos zählte man dort 30 000 Einwohner. Unter Agis und Cleomenes waren es nur 700.*
Die logische Folge davon ist, daß nur die Nationen, die klug genug waren, den unheilvollen Auswirkungen des Luxus vorzubeugen, indem sie sich der Einführung des unbeschränkten Reichtums widersetzten und das Vermögen der Bürger begrenzten, daß also nur diese Staaten lange die Kraft ihrer Jugend bewahrten.
Diese Nationen hatten strenge Sitten und einen geläuterten Geschmack. Der Ruhm, diese fruchtbare Quelle alles dessen, was die Menschheit jemals an Großem und Schönem hervorbrachte, war hier die Belohnung, der Preis, der Verdienst, ja, die Bezahlung aller Dienste, die dem Vaterland zu leisten waren.
Die Krönung des Helden fand bei den Olympischen Spielen statt. Sein Ruhm strahlte bis auf seine Eltern, Freunde, auf sein Vaterland und seine Herkunft. Diese großen Männer wurden auf Staatskosten unterhalten; man errichtete ihnen Statuen und Trophäen; Kronen des Triumphes erkannte man

ihnen zu. *Als Preis für die Freiheit, die er Athen zurückgegeben hatte, erhielt Thracibulos eine Lorbeerkrone aus zwei Zweigen.* Die Erinnerung an große Taten bewahrte man durch Denkmäler, und der Held nahm dabei den bedeutendsten Platz ein. *Als Preis für den Sieg von Marathon wurde Militiades auf dem Schlachtengemälde groß herausgestellt.*
Was ist nun heute von dieser erhabenen Triebkraft, die einige Völker der Antike mit so viel Erfolg einsetzten, geblieben? Das Gold. Aber das Gold ist die Belohnung für einen Schmeichler, einen Possenreißer, einen Komödianten, einen Söldner, einen Diener, ja, einen Sklaven. Fügt man es den göttlichen Belohnungen hinzu, so setzt man diese nur herab, und die Tugend wird danach nicht mehr streben.
Solange die der Armut verbundenen Nationen ihre politischen Einrichtungen behielten, regierte die Freiheit im Staat. *Die Spartaner waren frei so lange sie arm waren. Sie wurden unterjocht, sobald sie den Reichtum und das Laster, das er mit sich bringt, kennen lernten. Dasselbe geschah mit Rom: Mit dem Gold der geplünderten Völker hielt auch die Knechtschaft dort ihren Einzug.*
Und sie hätte dort regiert, so lange die Sonne die Welt bescheint, wenn sie nicht den Umsturz ihrer Staaten zu fürchten gehabt hätten – durch den Machthunger ihrer Führer.

Von den Mängeln der politischen Verfassung

Gerade durch Ausnutzung dieser Fehler ist es den Fürsten gelungen, sich über die Gesetze zu erheben. Bei einigen Regierungen entwickelten sich die Mängel der Verfassung allein durch die Vergrößerung des Staates. Das Volk wird einfach durch den Lauf der Ereignisse zur Unterwerfung gebracht. So war es mit den barbarischen Völkern, die sich gegen Ende des dritten Jahrhunderts auf Europa stürzten und sich hier niederließen, nachdem sie es verwüstet hatten. Bei einigen anderen Regierungen wurde die Knechtschaft direkt durch Kriegsrecht etabliert. So war es bei den Römern und bei fast allen Monarchien, die auf Lehnsherrschaft gegründet waren.

Ein bemerkenswertes Beispiel sind die Franken. Verfolgen wir doch ein wenig ihre Niederlassung in Gallien, und werfen wir einen Blick auf die Hauptfehler ihrer politischen Verfassung – dann werden wir den vollen Beweis der vorangegangenen These haben.

Die Barbaren, die sich in Gallien niederließen, kamen aus den Wäldern Germaniens. Arm, plump, ohne Handel, ohne Künste, ohne Industrie hatten sie nur primitive Hütten, aber sie waren frei. Sie lebten von ihren Feldern und Herden, von der Jagd, oder aber sie folgten gern ihren Anführern, um Beute zu machen. *Wenn einer der Anführer der Versammlung den Plan einer Expedition ankündigte, dann erhoben sich diejenigen, die mit der Sache einverstanden waren und boten ihre Hilfe an (s. Cäsar und Tacitus).*

Die Anführer waren einfach Bürger, die sich durch ihre Geschicklichkeit, ihren Mut und vor allem durch ihre Beredsamkeit auszeichneten. Gerade die letzte Eigenschaft war wichtig, um ihnen Macht und Einfluß bei ihren Landsleuten zu verschaffen. Ohne Rücksicht auf ihren Ruf wurden sie nie als etwas anderes angesehen als ein Primus Inter Pares, und ihre Autorität war nur an ihre persönlichen Verdienste gebunden. Sie waren dem Willen der Allgemeinheit unterworfen, und eben dieser Wille setzte sie auch wieder ab. Jeder Anführer hatte eine ausgebildete Truppe, die sich speziell ihm anschloß, ihn verteidigte und ihm überallhin folgte. Dies waren seine treuen Kumpane. *Tacitus bezeichnet sie mit dem Wort comes, compagnon, das wiederum zu comte (Graf) wurde.* Er seinerseits gab ihnen Waffen und Pferde aus der gemeinsamen Beute.

Die Germanen, die unter solch einem Anführer auf Plünderung ausgingen, handelten in eigenem Interesse und gehorchten ihm gerne ohne Zwang. An Unterdrückung dachte niemand, waren sie doch allesamt waffengeübte und beherzte Männer, die auf sich selbst – oder aber auf Verwandte und Freunde – gestellt waren.

Diese tief verankerte Selbstsicherheit konnte dennoch politische Winkelzüge nicht verhindern. Mit der Zeit erringt auch diese Führerschaft Einfluß, der von den Anführern durch Erschleichen von Wohlwollen noch erhöhrt wurde. Aufmerksamkeiten und Geschenke tun ein weiteres; Versprechen und schöne Worte kommen hinzu. Und dann, plötzlich, in weinseliger Stimmung entreißt dieser Führer ihnen Ergebenheitsversprechen und Treueschwüre. Diese Versprechungen erweisen sich bald als fatal, die Schwüre als unbesonnen; und bei der ersten Gelegenheit werden sie ihnen aufgetischt: So entsteht im Prinzip das Reich der Fürsten und Könige, denn – zu Anfang waren diese gar nichts anderes als einfache Anführer von Räuberbanden.

Der Respekt für den Vater wirkte sich notwendigerweise auch auf die Kinder aus. Es schien normal, von ihnen dieselben Leistungen zu erwarten. Man gewöhnte sich daran, die Söhne des Anführers ebenfalls an der Spitze zu sehen. Zeigten sie sich geschickt und mutig, so war es natürlich, daß sie im Kommando nachfolgten und daß sich solchermaßen der Rang des Anführers weitervererbte. So ergibt sich der Ursprung des Erbadels. Dieser war zunächst nichts anderes als die Weitergabe der Würde in derselben Familie.

Mit den Franken kamen auch deren Sitten und Gebräuche nach Gallien. Wer Siege überlebte, hatte Teil an der Beute, die aufgeteilt wurde. Was jeder für sich erhielt, nannte man *allodiates*. Nach Eroberungen mußte das neu Erworbene abgesichert werden, gegen die früheren Besitzer ebenso wie gegen äußere Feinde. Diese neue Lage bedingte gewisse Veränderungen in der Regierung. Jeder freie Mann, der Land zugeteilt bekam, verpflichtete sich dafür, gegen einen gemeinsamen Feind zu marschieren. Der Befehlshaber einer solchen Expedition blieb dann Oberhaupt der Niederlassung und war – König.

Die zunehmende Größe des Staats brachte mannigfache Verwaltungsvorgänge mit sich, deretwegen man nicht pausenlos die Bevölkerung zusammenrufen konnte. Eine Verwaltung mußte geschaffen werden. Der Fürst machte sich deren stabilisierende Wirkung zunutze, um seine Macht zu vergrößern, ja, sich sogar gegen die eigene Nation zu verschanzen und außerdem, die Krone erblich zu machen.

Ursprünglich war die Regierung der Franken rein demokratisch, wie die der Germanen. *Die höchste Gewalt dieser Völker war stets bei der Nation, alle Staatsgesetze wurden durch das versammelte Volk gemacht. Tacitus versichert sogar, daß für die Inkraftsetzung wichtiger Beschlüsse Einstimmigkeit erforderlich gewesen wäre.* In der Versammlung wurde alles beschlossen: Das Recht, den König zu wählen, Gesetze zu machen, Subsidien zu zahlen, Geld herzustellen, über Krieg und Frieden zu entscheiden, über öffentliche Beschwerden zu befinden und schwebende Verfahren zu bereinigen.

Auch die Exekutive oblag dem König. Ein festes Einkommen erhielt er nicht. Stattdessen wies man ihm ausgedehnte Ländereien zu, damit er die Kosten der Regierung und des privaten Bedarfs daraus bestreiten könne. Dadurch war der König aber andrerseits auch in die Lage versetzt, Land zu vergeben, sei es

um Dienstleistungen zu belohnen, oder um alte und neue Compagnons an sich zu binden.
Die Ländereien wurden auf begrenzte Zeit vergeben unter der Voraussetzung, daß deren Inhaber dafür den Staat verteidigte. Die Gebiete, die man den Vasallen des Fürsten bewilligte, wurden als Lehen oder Pfründe bezeichnet.
In seiner Eigenschaft als Staatschef hatte der König besondere Offiziere unter sich, denen er Titel wie Herzog, Graf oder Baron verlieh. Diese dem König unmittelbar unterstellten Offiziere wurden nun die Großen im Staat. Die Barone imitierten das Beispiel des Königs und vergaben ebenfalls Land. Subalterne Offiziere wurden dann als Edelleute bezeichnet und bildeten im Staat eine bestimmte Gruppe unter der Bezeichnung – Adel.

Es war eine grundsätzliche Maxime der Feudalregierung, daß der militärische Befehlshaber gleichermaßen auch die Jurisdiktion ausübte. Der Fürst hatte also die unmittelbare Rechtsprechung über seine Vasallen, diese über die ihnen Unterstellten und so fort. Allerdings wurde diese Richterfunktion nie allein ausgeübt, sondern mit Beigeordneten in Form eines Geschworenengerichts. Dennoch blieb der König stets oberster Gerichtsherr. Ihm nachgeordnet waren dann Titel wie: Connefable, Seneschall, Kammerherr, Schatzmeister und Kanzler. Um Zeit und Kosten zu sparen, wurden auch quasi ambulante Richter eingesetzt, die durch das Königreich reisten und bei wichtigen Fällen Recht sprachen.
Dieses fränkische Regierungssystem basiert auf denselben Prinzipien, wie das der verschiedenen Monarchien, die in Europa gegründet wurden. Es wird allgemein als Feudalherrschaft bezeichnet.
Diese Feudalherrschaft mag für kleinere Volksgruppen brauchbar sein; für eine große Nation ist sie es jedoch nicht. Ich sage hier noch nicht einmal etwas gegen die Scheußlichkeit

eines solchen Rechtes, das jede Freiheit untergräbt. Aber ich stelle fest, daß es schon am wichtigsten Punkt fehlgeht: nämlich einer vernünftigen Gewaltenteilung. Es enthält sogar mehrere Ansätze zur Anarchie, die in ihrer weiteren Entwicklung zum Despotismus führt. Alle Mißstände, die sich daraus ergeben, lassen sich letztlich auf die Tatsache zurückführen, daß die Franken, die sich in Gallien niedergelassen hatten, sich in einem politischen Verband vereinigten.
Stellen wir hier seine Hauptfehler fest: Die gesetzgebende Gewalt geht normalerweise ihren ruhigen Gang, etwa vergleichbar einem majestätischen Strom, der friedlich durch Täler dahinfließt, die er fruchtbar macht. Dieselbe gesetzgebende Gewalt aber wird, sofern sie einem einzelnen übertragen ist, zu einem reißenden Wildwasser, das sich an seiner Quelle zunächst noch unterirdisch verbirgt, bald aber über die Ufer tritt und mit Getöse alles unter sich begräbt, das sich seinem ungestümen Lauf entgegenstellt. Daraus resultieren die schrecklichen Übel, die diese Regierung schon so lange der Menschheit zugefügt hat.
Als illustrer Staatschef wurde der Fürst (ich hab's schon gesagt) in Amt und Würden eingesetzt, um die Einhaltung der Gesetze zu überwachen und zum Wohl des Staates Gerechtigkeit zu üben. So lange die Krone wählbar war, da wurde sie fast immer an denjenigen vergeben, der es am meisten verdiente, sie zu tragen. Sobald sie aber erblich war, hielt es der Fürst nicht mehr für nötig, sich ihrer würdig zu zeigen. Von Vergnügungen und Verweichlichung verdorben, verließ er sich bei den Regierungsgeschäften auf seine Günstlinge. Von da an wurde die Vernunft nicht mehr gehört, die Liebe zum Staat war bei Beschlüssen nicht mehr maßgebend. Von da an sah auch das Volk in seinem Oberhaupt nicht mehr einen treuen Diener und nur allzu oft entpuppte er sich sogar als gefährlicher Feind.

In einem gut organisierten Staat muß die öffentliche Gewalt in eine große Zahl einzelner Verwaltungen, die alle vom Volk abhängig sind, aufgeteilt werden. Sie sollen voneinander abhängig sein und sich gegenseitig im Zaum halten. Aber diese Gewaltenteilung – ein Meisterstück der Weisheit – stand über dem Vorstellungsvermögen einer Bevölkerung, die kaum der Barbarei entronnen war. Man hatte also die Grenzen der Macht, die man dem Monarchen zugestehen wollte, schlecht fixiert – und schon wurde die Verfassung kaum merklich geändert.

Man hatte die geeigneten Maßnahmen, um den König in seinen Grenzen zu halten, versäumt – und schon brachten die Minister es fertig, den Fürsten unabhängig zu machen und ihn über die Gesetze zu stellen.

Das Recht, Staatsstellen und Ämter zu vergeben, ist einem Heerführer vergleichbar, der sich seine Waffengefährten heraussucht. Das gleiche gilt auch für das Landverteilungsrecht der Krone, das an das Beuteverteilen vorangegangener Epochen erinnert.

In kriegerischen Zeiten hatten diese Rechte nichts Nachteiliges. Im Frieden aber, wenn die Armee auf weites Gebiet verteilt war, verlor die Nation den Überblick und konnte sich nicht mehr gegen ihre Unterdrücker zusammenschließen. Die einstmals zur Belohnung für geleistete Staatsdienste vorgesehene Vergabe von Ländereien wurde nur noch zur Bezahlung von persönlichen Dienstleistungen beim Fürsten benutzt. Dieser pochte auf sein Vergaberecht, wohl wissend, daß er sich damit eine verschwenderische Zahl von Kreaturen geneigt machen konnte, ganz zu schweigen von seiner eigenen Machterweiterung und der allmählich betriebenen Zerstörung der öffentlichen Freiheit.

Die Landvergabe wurde jetzt bei Tische, das Glas in der Hand, ausgeübt. Der Monarch erhielt eine Vielzahl von

Helfershelfern; über ganze Länder wurde entschieden und so das Geschick Europas während einer ganzen Reihe von Jahrhunderten bestimmt.

Der fundamentale Leitsatz der Feudalregierung, dem militärischen Befehlshaber gleichzeitig die rechtssprechende und ausübende Gewalt zu übertragen, führte dazu, daß ganz Frankreich von diesen königlichen Beamten mit Schikanen, Erpressung, Unterschlagung, mit Attentaten und Justizmorden überzogen wurde.

Das an sich dem Fürsten übertragene Recht, die Nationalversammlung einzuberufen, wurde durch die Größe und Weitläufigkeit des Staates nur noch ganz selten wahrgenommen, nämlich nur für Angelegenheiten äußerster Wichtigkeit. So kam es, daß nach und nach die öffentlichen Angelegenheiten vom Senat in das Kabinett des Fürsten verlagert wurden. Einstweilen war er also Schiedsrichter im Staat und konnte ruhig abwarten, bis er dessen Meister wurde. Um so zu reüssieren, brauchte er nur noch ein wenig Geschicklichkeit und Talent. Während einer gedeihlichen Regierungsepoche wiegt sich das Volk in Sicherheit, während der Fürst mit wachem Blick auf seine Interessen sich überall ausbreitet und schließlich absolut wird. Zwar hatten die Versammlungen das Recht, öffentliche Beschwerden anzubringen, aber sie wurden nur einmal im Jahr während 40 Tagen abgehalten.

Die bremsende Macht des Gesetzgebers war also zeitlich begrenzt, die Aktivität der Regierung aber auf das ganze Jahr verteilt.

Solange der Staat klein war, versammelte sich gewissermaßen die Nation von selbst. Die weitere Ausdehnung brachte es dann mit sich, daß man die Versammlung Repräsentanten übertragen mußte, das heißt: die souveräne Macht wurde Beauftragten anvertraut. Von da an war die Freiheit nicht mehr garantiert, denn: Mag auch eine kleine Zahl hochherziger

Seelen der Freiheit um ihrer selbst willen anhängen – die allermeisten preisen sie nur wegen der Vorteile, die sie ihnen verschafft. Das Bestreben, das persönliche Wohlergehen zu erhöhen, wird notwendigerweise wichtiger genommen als die Sorge um die Freiheit der Allgemeinheit. Von da bis zum Verschachern des Vaterlandes an einen Herrscher ist es nicht mehr weit. So wurde also die Regierung der Franken schon bald nach der Eroberung repräsentativ. Damit verlor die Nation ihre Souveränität und war mehr und mehr den Männern ausgeliefert, die diese Macht zur Befriedigung ihrer Begierden und ihres Ehrgeizes einsetzten.
Die Nation wurde nun in mehrere Provinzen aufgeteilt und jedes Departement, jede Stadt und jeder Weiler hatte seinen Magistrat: Dies gibt kein einheitliches Ganzes. Ohne Verbindungen, die Freundschaft, Wohlwollen und Achtung schaffen, hatten sie weder den gemeinsamen Haß gegen die Tyrannei, noch die Freiheitsliebe. Wie hätten sie da vaterländisches Pflichtgefühl entwickeln sollen? Die Abgeordneten machten bald nichts mehr unter den Augen des Bürgers, sondern gewöhnten sich an, ihn gar nicht mehr zu konsultieren. Er zählt bei ihnen gar nicht mehr. –
Sie verraten hemmungslos seine Interessen, und schließlich schachern sie schamlos mit seinen Rechten.
So ging durch einfache Staatsausdehnung die ursprüngliche Demokratie in Aristokratie über, ohne daß an der Verfassung etwas geändert wurde. Ich müßte sagen, sie gingen zum Despotismus über, denn die Großen und Vornehmen waren durchweg Geschöpfe des Gebieters, und der Fürst fand sich schließlich als Alleininhaber der Souveränität vor.
In der Nationalversammlung konnte jeder Delegierte zwar Vorschläge machen, aber der Fürst als Vorsitzender bestimmte dennoch die Themen, über die verhandelt wurde. Der Vorsitz war zum Privileg der Krone geworden: als eine

natürliche Folge des Heerführers, der etwaige Feldzüge vorschlägt. Der Fürst war so zur Seele aller Beschlüsse geworden. Die öffentliche Macht konnte weder sehen, ohne daß ihr erster Diener ihr die Augen öffnete, noch sprechen, ohne daß sie gefragt wurde.

Als nächstes kam die Geheimhaltung: Nichts erfuhr die Öffentlichkeit mehr über Kabinettsbeschlüsse, über Mißbräuche von Autorität und Gesetz. Man hatte nur noch die Freiheit, seine Forderungen anzuhören, seine Wünsche zu befriedigen und an seinen ehrgeizigen Projekten mitzuwirken – wieder ein weiterer Schritt in der Abhängigkeit des Staates von seinem Oberhaupt.

Um das Volk von all diesen Winkelzügen abzulenken, richtete man seine Aufmerksamkeit nach außerhalb des Landes. Wurde doch nie versäumt, eine Provinz zur Revolte zu bringen, oder die Nation in irgend einen Krieg zu verwickeln. Der Reichtum der Krone bestand ja vorwiegend aus Land; so war man pausenlos bemüht, neues zu rauben und dessen Besitzer zu plündern. Daher kommen die Wirren, die Mißhelligkeiten, die Verschwendungen, die Plackereien, die Raubzüge und Überfälle, die die Annalen dieser unglücklichen und barbarischen Regierungen füllen.

Aber das war noch nicht alles: Die Gerichte wurden im Lauf der Zeit mehr und mehr mit Notabeln besetzt und nicht mehr mit einfachen Bürgern, die direkt aus dem Volke kamen und Interesse daran hatten, sich den Richtersprüchen eines einzelnen zu widersetzen. Später aber wurden diese Beigeordneten zu Verwaltern, das heißt Kreaturen ihres Vorgesetzten, immer bereit, ihm die Angeklagten zu opfern.

Diese Veränderungen wirkten sich bald auf die Nation selbst aus. Vor der Eroberung ließ sich das Volk nicht von Vermögen und Stand beeinflussen. Das Erwähltwerden war vielmehr eine Belohnung für Würde, Talente und Tugenden.

Nach der Eroberung jedoch wurden diese einträglichen Stellungen durch den König verliehen. Um sie zu erhalten, war jetzt keine Rede mehr davon, sich durch hohe Leistungen auszuzeichnen, sondern man mußte gefallen. Bald dachten die Höflinge nur noch daran, den Geschmack des Fürsten regelrecht zu studieren, von seinen Schwächen zu profitieren, seine Launen zu unterstützen, seinen Leidenschaften zu schmeicheln und vor ihm zu kriechen. Von nun an wurde die Offenheit, die Großzügigkeit, die Gefühlserhebung durch Geschmeidigkeit, kriecherische Schmeichelei und Scheinheiligkeit ersetzt. Schlimmer noch: Um Konkurrenten auszustechen, wurden die Favoriten untereinander noch skrupelloser, wurden auch noch die Wahrheit, die Redlichkeit durch Verstellung, Schurkerei, Ränke und Verrat verdrängt. Die Herzen verschlossen sich jedem großzügigen Gedanken; Ehre und Anstand galten nichts mehr; Bande des Blutes und der Freundschaft wurden zerstört. Diese Hofdiener – frech und sich duckend zugleich – verachteten das Volk und waren auch noch stolz darauf, vor ihrem Gebieter zu kriechen. So setzten sich in ihrer Seele außer den erwähnten Lastern, die die Menschheit entehren, auch noch die fest, die sie erniedrigen: Verachtung, Einbildung und Stolz.

Der Nationalcharakter blieb davon natürlich nicht unbeeinflußt und führte zum Verlöschen der Vaterlandsliebe in allen Herzen. Da das Volk an die Ausübung seiner Rechte nicht mehr gewohnt war, verlor es auch noch die Kenntnis davon. Es hörte auf, sie gegen Übergriffe der Regierung zu verteidigen und wurde schließlich deren Beute. Die Höflinge waren einerseits mit Ehre, andrerseits mit Schmach bedeckt. Sie wollten indes respektiert sein und erzwangen dies durch Verbreitung von Furcht; ebenso wie der Fürst, der gleichzeitig mit Würde und Verbrechen beladen war, schreckenerregend wurde, um geheiligt zu sein. Es fand eine Umkehrung der

Werte statt: Von seinen eigenen Beamten verachtet, umgab das Volk diese trotzdem mit Respekt. Und – die öffentliche Macht fiel vor ihrem eigenen ersten Diener auf die Knie und betete zitternd das Werk ihrer eigenen Hände an.
Hat der Despot erst einmal alles unter Kontrolle gebracht, so ist es nicht mehr schwer, die Nation niederzuhalten. Schon der einfache Wunsch, das Joch abzuschütteln, wurde als Verbrechen ausgelegt. Der Bürger sah sich stets als Krimineller behandelt, sofern er es wagte, seinen schuldigen ersten Diener im Staat an dessen Pflicht zu erinnern. So führt also die Freiheit zur Zügellosigkeit, diese zur Anarchie, die Anarchie zum Despotismus, dieser zur Tyrannei, diese zum Aufstand, dieser zur Befreiung und diese Befreiung endlich zu einer freien und regulären Regierung.
Die modernen Völker nehmen oft kaum mehr Teil an dem Streit zwischen dem legitimen Fürsten und dessen Herausforderer. Es ist ihnen fast egal, wer triumphiert. Ist der eine erledigt, unterstellen sie sich dem anderen. *Liest man die erbärmliche Geschichte der der Feudalregierung unterworfenen Völker, so wird man mit einigem Vergnügen gewahr, daß die Despoten selbst von der den anderen weggenommenen Freiheit nur selten profitieren. Zuweilen waren sie selbst Sklaven ihrer Minister und Höflinge. Einige wurden in ihren Palästen eingeschlossen, andere abgesetzt, ins Kloster gesteckt oder massakriert, und fast alle verbrachten ihre Tage in Ängsten. Das Schauspiel des Schreckens und Aufruhrs, in dem sie gelebt hatten, tröstet ein wenig über die schrecklichen Übel, die sie der Menschheit zugefügt haben, hinweg.*

Wird die Sklaverei mit der Waffe erzwungen, so muß die Regierung gewärtig sein, schwere Erschütterungen des Staates durch die Bevölkerung, die nach Freiheit lechzt, zu erleben. Der Staat ist hier einem robusten Körper vergleichbar,

der seine Ketten kräftig schüttelt und sie manchmal auch zerbricht. Deshalb haben es Fürsten seit je als sicherer angesehen, die Sklaverei nach und nach einzuführen. Das Volk wird zuerst einmal eingeschläfert und die Idee der Freiheit abgeschafft. So gleicht der Staat einem kranken Körper, in den ein langsam wirkendes Gift eindringt und der schwach und unter dem Gewicht seiner Ketten nicht mehr im Stande ist, sich zu erheben.
Dies alles sind die in der Politik angewandten hinterlistigen Mittel, um die Völker in jenen schrecklichen Zustand zu führen, den ich mit besonderem Nachdruck in diesem Werk beschreiben will.

Die Macht der Zeit

Im vorigen wurde schon dargelegt, daß der erste Stoß, den die Fürsten der Freiheit zufügen, nicht schlagartig und mit Getöse geführt wird. Man läßt Zeit verstreichen. Um die Völker in Ketten zu legen, schläfert man sie erst einmal ein. Solange nämlich die Idee der Freiheit in den Köpfen umherspukt, solange das blutige Bild der Tyrannei in allen Geistern gegenwärtig ist, solange verabscheuen sie den Despotismus und wachen mit unruhigem Blick über alle Unternehmungen der Regierung. Der Herrscher ist auf der Hut und wachsam, etwas Widerrechtliches zu unternehmen. Im Gegenteil: Er gibt sich als Vater seiner Untertanen und läßt seine Regierung als die Gerechtigkeit selbst erscheinen. Zunächst ist selbst die Verwaltung so sanft und nachgiebig, daß man meinen könnte, sie hätte nur die Vermehrung der Freiheit im Sinne, anstatt sie zu zerstören. Da es weder über ihre Rechte noch über ihre Freiheit etwas zu debattieren gibt, werden die Bürger sorgloser. Ihre Wachsamkeit läßt nach,

leben sie doch anscheinend seelenruhig unter dem Schatten der Gesetze.
Indem man sich zeitlich von der turbulenten Epoche, in der die Verfassung entstand, entfernt, verliert man die Freiheit aus den Augen. Der Fürst braucht die Dinge also nur treiben zu lassen.

Von den Festlichkeiten

Das Heraufziehen des Despotismus ist manchmal sogar recht lustig. Da gibt es Spiele, Feste, Tänze und Lieder. Das Volk bemerkt nicht das Übel, das sich vorbereitet und gibt sich seinen Zerstreuungen hin.
Verrückte! – Der Freudentaumel verhüllt das Unglück, das von ferne das Vaterland bedroht und dem sie eines Tages zum Opfer fallen werden. Der Kundige sieht unter den Blumen schon die Ketten, die über seine Mitbürger ausgeworfen werden sollen. „Während die Matrosen sich unbekümmerter Freude hingeben als vom Ufer eine leichte Brise aufkommt, sieht das wachsame Auge des Lotsen fern am Horizont schon den die Meere aufwühlenden Orkan heraufziehen."

Die öffentlichen Unternehmungen

Der Macht der Zeit und der Festlichkeiten sind die Zerstreuungen durch Geschäftigkeit hinzuzufügen: Man errichtet ein Nationaldenkmal, man läßt öffentliche Gebäude erstellen, legt Straßen, Märkte und Ruhmestempel an. Der Augenschein trügt: die Völker glauben den Fürsten gänzlich mit dem Staatswohl beschäftigt, während er sich in Wirklichkeit nur um seine eigenen Projekte kümmert. Immer geringer wird die Aufmerksamkeit, die das Volk seinem Feind zuwendet. Der Geist der Untertanen entspannt sich – die Mißbräuche der Regierung beginnen. Aber noch stört nichts die äußerliche Ruhe.

Wie man die Liebe des Volkes gewinnt

Die Geister einzuschläfern genügt noch nicht, man muß sie sich auch geneigt machen. Und was der eine Fürst tut, um die Aufmerksamkeit seines Volkes zu zerstreuen, tut der andere, um dessen Zuneigung zu gewinnen.
Das Volk von Rom hatte eine wahre Leidenschaft für die Schauspiele; die Großartigkeit der Feste wurde jedoch als Mittel zum Zweck benutzt, nämlich, um ihm seine Macht und Freiheit zu rauben.
Um die Völker für sich zu gewinnen, geben sich Fürsten manchmal großzügig. Als Cäsar bis zum Kaisertum vorgedrungen war, überhäufte er seine Offiziere, seine Soldaten und das Volk mit Geschenken. Und so hörte man doch tatsächlich allerorts die stupide Menge rufen: Es lebe der Kaiser. Man sammelte einige Sesterzen ein und erschöpfte sich in Lobreden über die Freigebigkeit des neuen Herrschers. Als Karl II den spanischen Thron bestieg, war seine erste Sorge, den Überfluß im Staat einzuführen. Nie sah man so viele Stierkämpfe, so viel Komödien, so viel Spiele und Feste nach dem Geschmack der Nation.
Ludwig XIV ging noch weiter. Er bemühte sich, die Herzen schon durch sein Auftreten zu gewinnen, dann auch durch seine Großartigkeit und Verschwendungssucht. Er legte Wert darauf, daß niemand unzufrieden von ihm wegging. Solche, die ihm suspekt erschienen, band er durch Stellenvergabe fest an sich und versicherte sich so der gierigen Menge der Höflinge durch Wohltaten.

Bei Hof gab er Feste, Feuerwerke, Maskenbälle, Turniere, Schauspiele. *Jedes Geschenk, das der Fürst dem Volke bringt, ist von vornherein verdächtig. Das einzige ehrliche Mittel, das einem Fürsten zur Verfügung steht, der nicht nach dem Despotismus strebt und seinem Volk Erleichterung bringen will, heißt: Verminderung der Steuern.* Voller Pomp wurden eroberte Städte besucht, hochgestellte Persönlichkeiten an seinen Tisch geladen, an die Soldaten Gratifikationen verteilt, Gold unter die Menge geworfen – und schon wurde er in den Himmel gehoben.
Aber nicht nur zu Geschenken wird Zuflucht genommen, um des Volkes Zuneigung zu erwerben. Als Ferdinand von Spanien den Thron bestiegen hatte, war er erst einmal wohltätig. Er gab Befehl, die Gefängnisse zu öffnen und alle zu entlassen, sofern sie nicht Kapitalverbrechen begangen hatten. Er erließ eine Amnestie für Deserteure und Schmuggler, er bestimmte zwei Tage in der Woche, um seine Untertanen persönlich zu empfangen und ihre Wünsche und Klagen anzuhören.
Die Königin Elisabeth dachte sich etwas besonderes aus: Bevor sie in der Öffentlichkeit erschien, befahl sie zuweilen ihrer Garde, auf die Bevölkerung einzuschlagen. Dann eilte sie herzu, heuchelte ehrliche Entrüstung und rügte die Wache in scharfer Form wegen ihrer Brutalität. Ja, sie scheute sich nicht, auszurufen, daß „ihre Untertanen ihre Kinder seien und daß man sich ja hüten solle, ihnen Schmach zuzufügen“. Durch solche falsche Gutherzigkeit verführt, stürzten sich die Unglücklichen zu deren Füßen und segneten ihre Königin.
Dieses Gewinnen der Herzen durch geheuchelte Leutseligkeit ist unter den Fürsten gar nicht so selten. Bewunderte doch auch das Volk von Venedig die Güte seiner Herren, allen voran den Dogen, der sich dazu herabließ, von Hand-

werkern Wein und von Gärtnern Melonen als Geschenk anzunehmen. An Faßnachtsdienstag geruhten die Senatoren der Abschlachtung eines Stieres oder einem anderen populären Fest beizuwohnen, und an Fronleichnam bewegte sich der Großrat über den Markusplatz, und jeder der Vornehmen hatte zu seiner Rechten einen Bettler.
Welch ungeheure Heuchelei! Verschlungen sind die Pfade, auf denen die Fürsten zum Despotismus marschieren! Ximenes *Regent von Kastilien unter Karl V* wurde zum Idol der Kastilianer durch die Reinheit seiner Sitten, seine Almosen, seine große Freigebigkeit und auch seine Scheinheiligkeit. So konnte er in aller Ruhe gegen die öffentliche Freiheit vorgehen, Söldnertruppen anheuern und die königliche Autorität vermehren.
So wird von den Machthabern der Ehrgeiz des Volkes angespornt, um ihren eigenen zu verbergen. Sie sprechen nur noch von dessen Rechten, sie tragen einen extremen Eifer für dessen Interessen zur Schau und erheben sich dann als Tyrannen, wobei sie so tun, als würden sie das Volk verteidigen. Auch um den Adel zu vernichten und die absolute Herrschaft auf den Ruinen der Feudalherrschaft zu gründen, wurde das Volk mißbraucht.
Aber – ich wiederhole – was wird nicht alles bewerkstelligt, um das Volk zu verblenden? So gab manchmal ein Fürst Widerwillen gegen seine eigene Regierung kund und behauptete, er sei der Last der Krone müde: Er wolle abdanken. Dann läßt er sich dringend bitten, die Zügel des Staates in der Hand zu behalten. – Eine heillose List! Diese Schurken haben jetzt erst recht das blinde Vertrauen der Nation und damit die Mittel, es zu mißbrauchen.

Die äußere Machtentfaltung

Die Staatsfunktionäre haben die Attribute ihrer Würde auch geziemend zu tragen. Der Pomp, mit dem sie auftreten, gebührt eigentlich nicht ihnen, sondern er bildet gewissermaßen den Pfeiler, an dem die nationalen Symbole aufgehängt sind. Dies wird aber bald vergessen: Das Symbol überträgt sich auf die Person. Der majestätische Schmuck des Königtums wird zum Gegenstand heiliger Verkehrung, selbst dann, wenn das Schicksal den Fürsten vom Thron stoßen sollte. Wie dem auch sei: In den Augen des Volkes gehört zur Macht des Fürsten auch der Pomp. Folglich haben die meisten einen Aufwand von geradezu drohendem Ausmaß entfaltet. *Richelieu war von dieser Tatsache überzeugt, als er Ludwig XIII vorwarf, diesen Punkt nicht genügend zu beachten. Siehe sein politisches Testament.* Zeigen sie sich in der Öffentlichkeit, so stets mit den Insignien höchster Würde. Zuweilen lassen sie das Schwert der Gerechtigkeit und das Zepter vor sich hertragen. Auch groß herausgeputzte Beamte der Krone dürfen nicht fehlen, denn sie bilden einen ganzen Zug von prachtstrotzenden Höflingen.

Es gab eine Zeit, da waren es die Fürsten gewohnt, sich fast ohne Wache inmitten ihrer Untertanen zu bewegen, wie ein Familienvater unter seinen Kindern. Aber so bald sie konnten, verschafften sie sich eine imposante Garde. Und heute gibt es kaum mehr einen Monarchen, der nicht ein ganzes Regiment an Leibwachen hätte.

Auch die Paläste müssen im Gepränge erstrahlen. Die Großen, die bei ihnen vorsprechen, könnten sie ja nicht gebührend würdigen. Dazu gehört auch immer ein herrischer und respektheischender Ton der Umgangssprache. Manche gehen sogar so weit, Befehl zu erlassen, daß man sie nur noch kniend zu sprechen und zu huldigen hätte. *Der spanische König*

Philipp II erließ hierüber einen ausdrücklichen Befehl. In den orientalischen Ländern wird eine noch höhere Kunst aufgewendet, um sich blind gehorchen und Reverenz erweisen zu lassen. Diese Herren schließen sich in ihre Paläste ein und lassen sich selten in der Öffentlichkeit sehen. Wenn aber, dann auch hier mit gold- und perlenbedeckten Ministern, die die Augen niederschlagen und die Befehle ihres Herrn in tiefem Schweigen erwarten.
Diese Sorge um die Würde ihrer Person wird auch auf die Hofbeamten ausgedehnt. Mit Erlaß von 1613 verkündete der englische König Jakob I., daß die Mitglieder seines schottischen Staatsrates keinesfalls zu Fuß gehen sollten, sondern nur mit Wagen und in großer Aufmachung *(Spotwood)*. Nicht weniger aufmerksam sind die Fürsten, um sich untereinander Respekt zu erweisen. Verreisen sie, so geschieht das mit Aufwand und Großartigkeit. Das Volk ist von diesem ganzen Spektakel aus Dünkel und Arroganz allmählich dermaßen geblendet, daß es wider bessere Einsicht in Ehrfurcht davor versinkt.

Das Herabwürdigen der Völker

Die Aktivität, die Genügsamkeit, die Uneigennützigkeit, die Wachsamkeit, die Vaterlandsliebe – das sind Tugenden; mit deren Hilfe die Völker ihre Freiheit bewahren. Folglich machen die zum Despotismus strebenden Fürsten alle Anstrengungen, um ihnen daran die Lust zu verleiten.
Um die Spartaner zu unterwerfen, zwang der Feldherr Philopemon sie dazu, die harte Erziehungsmethode, die sie für ihre Kinder anwendeten, aufzugeben. Er lieferte sie der Weichheit aus; und bald gelang es ihm, ihnen jene Seelengröße zu nehmen, eben diese Großherzigkeit, die er so sehr fürchtete.

Als Eduard I. das Herzogtum Wales mit seinen Staaten vereinigt hatte, überzeugte er sich, daß nichts so sehr die Freiheitsliebe seiner neuen Untertanen anfachte, wie die dichterische Verherrlichung ihrer Heldentaten, die in den Gesängen bei deren Festen ihren Niederschlag fand. Er ließ also eine exakte Liste der infrage kommenden Dichter aufstellen und verurteilte sie zum Tode *(Hume, History of Great Britain)*.
Haben nicht heutzutage unter demselben Gesichtspunkt die Engländer die Schotten gezwungen, auf ihre Nationaltracht zu verzichten und nicht mehr ihre nationalen Feste zu feiern?

Tatsächlich aber ist es selten, daß die Fürsten Gewalt gebrauchen. Sie verlassen sich im allgemeinen auf ihre Geschicklichkeit. Sie lassen Theater, Zirkusse, Erholungsstätten erbauen und feiern Feste und Redouten. Sie ermutigen geradezu jene Talente, die sich anheischig machen, das Volk zu amüsieren und seine Unbeständigkeit zu unterstützen. *Etliche Fürsten sind sogar so weit gegangen, diejenigen zu verfolgen, die das Volk zur Besinnung aufriefen. Hat nicht Karl I. Phrinne zu einem grausamen Tod verurteilen lassen, nur weil er gegen die Leidenschaft des Theaters geschrieben hatte.* – Sie zahlen an Schauspieler, Musiker, Possenreißer und Gaukler Pensionen. Und bald denkt der Bürger, der in die Vergnügungen hineingetrieben wird, an nichts anderes mehr. Als Kyros die Nachricht erhielt, daß in Lydien eine Revolte ausgebrochen sei, wollte er deren Städte nicht verwüsten und noch weniger dort Garnisonen einrichten. So kam er auf den Einfall, dort öffentliche Spiele zu organisieren, außerdem Kneipen und Lasterhöhlen *(Herodot, 1. Buch)*. Seither hatte er keine Veranlassung mehr, gegen diese Völker das Schwert zu ziehen. Athens Regierende verwendeten enorme Summen für den Unterhalt der Theater auf.
Die großen Schauspiele der römischen Kaiser sind bekannt.

Bald wurde die Neigung zu solcherlei Vergnügungen zur Leidenschaft und brachte die Bürger so weit, daß sie die Idee der Freiheit verloren.
Ebenso unterstützten die Fürsten des Hauses Stuart die Vergnügungssucht, um den Mut der Engländer zu schwächen. Jakob I. ließ große Theater erbauen. Und so wurden Maskeraden, Possen und Bälle die Hauptsache für die Bevölkerung. Während der Regierung Karls I. wurde die Theatersucht so groß, daß 5 ständig geöffnete Häuser für die Einwohner Londons nicht ausreichten.
Dieser Kunstgriff gelingt den Fürsen also voll und ganz. Ist das Volk dann erst auf den Geschmack gekommen, so will es nicht mehr darauf verzichten. Man kann es kaum mehr wagen, diese Dinge dann wieder abzuschaffen. Der Bürgerkrieg von 1641 begann in England erst, als die Theater geschlossen wurden. Was sage ich? Es gab völlige unterdrückte Völker, die von ihrem Fürsten Schauspiele verlangten, sozusagen als alleiniges Heilmittel herrschender Mißstände. Dies geschah in Rom nach dem Niedergang der Republik ebenso wie in Trier nach der Plünderung der Stadt, usw.
So wurden also die Spiele, Feste und Vergnügungen zu Trümpfen der Knechtschaft, zu einem Ausverkauf der Freiheit und zu einem Instrument der Tyrannei.
Wenn dieser Hang zur Frivolität dann auch noch durch die Auswahl der Theaterstücke ergänzt wird, und wenn leichtfertige Gefühle und gewandte Schmeicheleien für hochgestellte Personen gepriesen werden – wenn man die Laster oder die Verrücktheiten der regierenden Fürsten verherrlicht, wie es etwa am Hofe Karls I. oder Ludwigs XIV. geschehen ist, dann, ja dann wird das Theater zu einer unseligen Schule der Knechtschaft. Anstatt Männer von Weisheit, Staatsverteidiger und Wohltäter des Vaterlandes in den Stükken darzustellen, zeigt man nur Verliebte, Verrückte, Laffen,

Gecken, Schelme, Betrogene, unverschämte Herrscher und niedriges Dienervolk.

Anstatt die finsteren Intrigen schlechter Fürsten, ihre heimtückischen und scheußlichen Verbrechen zu enthüllen, präsentiert man nur Tändeleien, häusliche Scherereien und Boudoir-Abenteuer. Anstatt aus dem Theater eine Schule hoher Tugenden zu machen, schafft man daraus eine Schule schlechter Sitten. Wenn man aber schon hin und wieder einige gute Stücke gibt, zerstört die Posse, die darauf folgt, gewöhnlich jeglichen Eindruck. Etwa entstandene vernünftige Überlegungen werden völlig ausgelöscht durch die Albernheiten eines Possenreißers oder die Auftritte einer Kammerzofe. Noble Gefühle, falls sie je hervorgerufen worden sein sollten, gehen in Lachsalven unter, und das Publikum geht schäkernd nachhause. *In England läßt der König durch seine Minister die Stücke sehr genau prüfen, bevor sie dem Publikum vorgeführt werden.*

Wie soll da ein kühner Autor freie Ideen oder große Gedanken verkünden? Man kann dieser Sache kaum genug Wichtigkeit beimessen.

Förderung von Literatur und Kunst

In den stürmischen Krisenzeiten einer Revolution denkt man nur noch an die Errichtung der Freiheit. In der Ruhe aber, die ihr folgt, erlischt der vaterländische Eifer, der Friede erzeugt andere Ideen und Gefühle. Inmitten von tausend Gegenständen der Zerstreuung werden dann die Pflichten vergessen. Schon ist die Nation nicht mehr einig. Die zarten

Bindungen der Vaterlandsliebe sind zerstört. Die Einwohner sind zwar noch Staatsbürger, aber keine Patrioten mehr. Durch die Förderung von Literatur und Kunst hatte Augustus die Römer unterjocht, und seine Nachfolger taten dasselbe mit den Barbaren, die sie unterworfen hatten. *Es scheint seltsam, sagt ein berühmter Historiker, daß die Fortschritte von Kunst und Wissenschaft bei den Griechen und Römern zu einer Vermehrung der Sklaven geführt haben.* Dies ergibt sich jedoch aus folgendem:
Jedes Studium, das sich nicht auf die Menschenrechte sondern auf fremde Gebiete bezieht, muß notwendigerweise die Freiheit aus den Augen verlieren.
Auch Spanien liefert hierfür ein gutes Beispiel: Philip II. und Philip III. förderten, machthungrig wie sie waren, Literatur und Künste in großem Stil. Philip IV. wurde dafür sogar selbst zum Schöngeist. Dasselbe gilt für Philip V., als er endlich des Thrones sicher war. Franz I. zog fremde Gelehrte und Künstler an seinen Hof. Sein Nachfolger – vor allem Ludwig XIV. – folgten diesem Beispiel.
Nun aber: Kein Fürst umschmeichelt die Literaten und Künstler, wenn sie nicht seine Person hervorkehren, seinem Vergnügen dienen, seine Prachtentfaltung unterstreichen und die Unterwerfung unter seine Befehle predigen. Und wieviel Schreiberlinge wenden ihren ganzen Geist auf, um dem Despotismus als Werkzeug zu dienen, die Knechtschaft zu befürworten und die Unterdrückung zu sanktionieren! Eine infame Prostitution, die die Freiheit direkt unter den Blüten des Geistes, des Geschmackes und des Genies erstickt!

Verführung des Volkes

Keine Regierung hält sich durch ihre Verfassung, sondern durch die Tugenden ihrer Bürger, die sie daran hindert, zu degenerieren. Ist diese Kraft zerstört, so ist es um das Vaterland geschehen: Anstatt um das öffentliche Wohl besorgt zu sein, jagt jeder nur noch seinen persönlichen Vorteilen nach, die Gesetze werden verachtet, und die Verwaltungen selbst sind die ersten, die sie umgehen.
Gibt es keine öffentlichen Zensoren mehr im Staat, so versucht der Fürst Neuheiten zur Untergrabung der Sitten einzuführen. Alles, was deren Verderbung hindern könnte, schafft er ab.
Daß der Weg in die Knechtschaft sehr wohl mit Festen beginnen kann, wurde schon gesagt. Da diese aber nicht ewig dauern können, es sei denn, man verfüge über die ganze Welt als Beute, suchen die Herrscher dem Volk eine ständige Quelle der Korruption zu eröffnen. Die Künste werden gefördert, vor allem aber der Handel. Die Ungleichheit der Vermögen entsteht, was immer den Luxus im Gefolge hat. Wer nur eine zum Despotismus oder zur Oligarchie degenerierte Feudalregierung im Auge hat, wird meine Behauptung vielleicht sonderbar finden. Förderung von Handel und Gewerbe bringt doch mehr Steuern. Ich spreche jedoch nicht von den unterdrückten Völkern, sondern von den noch zu unterdrückenden. Anstatt auf die Venezianer, Genuesen, Florentiner, Holländer, Franzosen, Spanier, Portugiesen und Engländer sollte man auf die freien Völker des Altertums schauen. Die alten Bretonen, Gallier und Germanen wurden von den Römern erst dann unterworfen, als Industrie, Handel und Kunst bei ihnen eingeführt worden waren. Es wurde ihnen der Überfluß auf Kosten der Freiheit verkauft. Agricola führte in Britannien Zivilisation nach römischem

Vorbild ein. Er brachte den Einwohnern Annehmlichkeiten und hohen Lebensstandard. Diese Völker beugten sich so nachhaltig unter die Herrschaft ihrer Beherrscher, daß sie – einmal unterworfen – keinerlei Unruhe mehr stifteten. Sie hatten die Idee ihrer ersten Unabhängigkeit verloren. *(Tacitus, Leben des Agricola).*

Es wurde schon gesagt, daß auf Handel der Luxus folgt, der dann unmerklich die Verderbnis der Herzen zufolge hat. Der Luxus beeinflußt die Gemeinschaft der Menschen aufs stärkste. Sie lassen sich zu kostspieligen Exzessen hinreißen, die immer den Ruin von Familien und manchmal auch den des Staates nach sich ziehen. Zuweilen allerdings mußte dieser Luxus auch eingeschränkt werden. Es ist nun ein eigenartiger Gegensatz, daß die Fürsten, die ihn durch Erlaß einschränkten, gleichzeitig durch ihr Beispiel predigten. Während Ludwig XIV. seinen Offizieren untersagte, sich bei Tisch anderes als Suppe, Braten mit Zwischengerichten, ohne hors d'œuvres, servieren zu lassen, breitete er über seinem Tisch die Produkte aus 4 Erdteilen aus. Während er die Menge an Gold und Silber vorschrieb, die auf Geschirr, Möbel, Equipagen und Kleidung verwendet werden durfte, verschwendete er mit aufwendigsten Extravaganzen die Staatseinkünfte.

Die Vergnügungssucht, die an den Höfen eines Jakob I., Karl II., Ludwig XIV. regierte, ging durch alle Rangstufen hindurch. Jeder Tag erbrachte neue Feste, jede Nacht eine Maskerade. So wurden die einfachen Sitten, Fleiß und Geistesbildung, durch Müßiggang, Faulheit, Zerstreuung und Luxus verdrängt.

Selbst wenn nicht alle Herrscher diesen Luxus vorleben, so weigern sie sich doch, ihn zu zügeln. Unter Augustus schlug der Senat mehrmals eine Reform der Sitten und des Gepränges vor. Der Kaiser wäre zu dieser Maßnahme verpflichtet

gewesen, umging jedoch immer wieder diese Forderungen. Manche Fürsten zwingen ihre Untertanen sogar dazu. Um seine eroberten Völker zu unterwefen, strebte Aristomenes danach, die Jugend zu entnerven. Er wünschte, daß die jungen Männer ihre Haare lang wachsen ließen, daß sie sich mit Blumen schmückten und nach Frauenart lange bunte Kleider, Schirme und Fächer trugen. Im Bad sollte ihnen von Frauen Spiegel, Kämme und Parfum gereicht werden. Diese Erziehung dauerte bis zum Alter von 16 Jahren. *(Denis d'Italikarnos, Buch 7)*.
Handel und Luxus haben dermaßen unheilvolle Auswirkungen auf die Sitten der Nationen, daß man die Grundlagen des ersteren noch darlegen muß.

Vom Handel

Es ist unvermeidlich, daß die verschiedenen Völker untereinander Verbindung haben. Dies bringt Umgänglichkeit und verfeinerte Sitten mit sich und heilt außerdem allzu lächerliche Auswüchse des Dünkels und der Eigenliebe. Produkte aus verschiedenen Zonen kommen auf den Markt und rufen neue Bedürfnisse und neue Genüsse hervor. Der Geschmack an diesen Überflüssigkeiten führt zur Verweichlichung.
Wenn schon der Handel die bäurischen Sitten verfeinert, so verdirbt er auf der anderen Seite die Einfachheit und Reinheit. Läßt er lächerliche Gewohnheiten verschwinden, so schafft er dafür tausend aus der Fremde. Zwar wird manches verderbliche Vorurteil abgeschafft, aber damit auch manches Nützliche.
In diesem Hin- und Herfließen, in diesem Kommen und Gehen bringt jeder etwas aus seinem Land. Sitten und Ge-

bräuche vermischen sich. Nach und nach arrangiert man sich mit allen Regierungen, und man vergißt das Land, aus dem man stammt. Der Kaufmann gewöhnt sich daran, mit Fremden zusammen zu sein und macht schließlich zwischen diesen und seinen Landsleuten keinen Unterschied mehr.

Ein Europäer, der gereist ist, ist nicht mehr Engländer, Holländer, Deutscher, Franzose oder Spanier, sondern – von allem ein wenig.

Der Handel vermengt aber nicht nur Brauchtum, sondern auch Sitte und Moral aller Länder: Trunksucht, Luxus, Gepränge, Spielleidenschaft und Ausschweifung kommen in Mode, und jedes Volk fügt zu seinen eigenen Lastern noch die der anderen hinzu.

Ein richtiger Kaufmann ist Weltbürger. Gierig nach Reichtum durcheilt er die Welt, um zu raffen. Er wendet sich besonders denjenigen Ländern zu, die ihm die günstigsten Bedingungen bieten. Sein Vaterland ist immer da, wo er gerade die besten Geschäfte macht. Pausenlos mit seinen Gewinnen beschäftigt, hat er nur noch Handelsobjekte und Berechnungen darüber im Sinn, wie er Geld machen und es anderen aus der Tasche ziehen kann. Alles übrige ist ihm fremd, sein Herz verschließt sich noblen Regungen, und die Freiheitsliebe geht unter.

Selbst bei rechtschaffenen Menschen entwertet der merkantile Geist die Seele und zerstört den Unabhängigkeitsdrang. Alles muß der Berechnung unterworfen werden, alles wird abgeschätzt. Er wird geizig, unfähig zu noblen Gefühlen und zur Seelengröße. Für den Kaufmann ist alles käuflich. Und doch sind diese eben erwähnten gerade die höchsten Tugenden, die ihren Ursprung in jenem Opfer haben, das der Mensch unter Zurückstellung seiner persönlichen Interessen zum Wohlergehen seiner Mitmenschen und zur Würde seines Daseins bringen muß.

Der Krämergeist läßt Reichtum als das höchste Gut erscheinen, die Geldgier nimmt alle Herzen gefangen. Wenn dann die Möglichkeiten, sich diesen Reichtum zu verschaffen, knapp werden, so gibt es keine Schändlichkeit, zu der man sich zur Erreichung des Zieles nicht bereit finden würde. Diese Auswirkungen springen auch dem weniger Klarsichtigen ins Auge. Es gibt aber solche, die nur dem Kundigen offenbar werden. Spekulationen aller Art bringen notwendigerweise die Bildung privilegierter Gesellschaften mit sich – zum Schaden des Einzelhandels, der Manufakturen, der Kunst und des Handwerks, denn sie behindern jede Konkurrenz. So konzentrieren sich die Reichtümer, die eigentlich durch tausend Kanäle den Staat hätten befruchten sollen, in den Händen weniger, die die Substanz des Volkes verschlingen und sich an dessen Schweiß mästen. Mit den Gesellschaften entstehen dann Monopole.

Naturprodukte, vor allem aber lebensnotwendige Güter werden wucherisch aufgekauft, erschweren dem Volk die Existenz und liefern es der Gnade von Ministern aus. Auf dem Monopolsystem baut sich entsprechend die Finanzverwaltung auf. Staatseinkünfte werden an Wucherer verpachtet, die zugunsten ihres Profits die Quellen des Staatswohles umleiten.

So wird die Nation die Beute von Steuerbeamten, Finanziers und Betrügern. Unersättliche Vampire, die von Raub und Erpressung leben und die die Nation ruinieren. Diesen Erscheinungsformen folgt immer eine Masse von Maklern, Wucherern und Spekulanten, die durch falsche Gerüchte wiederum Spekulationen anheizen. Die Betrogenen werden mit goldenen Netzen überzogen und der öffentliche Kredit ruiniert.

Solcherart angesammelte Vermögen regen zur Nachahmung

an, ein Fieber bemächtigt sich aller, und schließlich besteht die Nation nur noch aus Intriganten, Projektemachern, Schurken und Gaunern, die ständig auf der Suche nach Mitteln sind, um die Arglosen hereinzulegen und ihr Privatvermögen auf den Trümmern des öffentlichen Wohles zu errichten.

Von all diesen Intriganten, die sich an das Glücksrad klammern, wird allerdings die Mehrzahl abgeschüttelt. Die Gier nach Gold läßt sie ihren Besitz aufs Spiel setzen. Das Elend macht aus ihnen käufliche Spitzbuben, die bereit sind, der Sache eines Herrn zu dienen. Durch Luxus zu Ausgaben hingerissen, kann die Masse der kleinen Leute nur durch Behelf und Betrug noch existieren. Die Ehrlichkeit im Handel schwindet dahin. Waren werden verfälscht, sogar Lebensmittel. Wucher macht sich breit, die Habsucht hat keine Bremse und die Gaunerei keine Grenze mehr.

Auf die Tugenden, die die einfachen Nationen charakterisieren, folgen alle Laster des gräßlichen Egoismus: Unbarmherzigkeit, Härte, Grausamkeit, Barbarei. Die Geldgier verschließt alle Herzen. Freundschaft, Mitleid, Blutsbande gelten nichts mehr, man lechzt nur nach Vermögen, und die Menschlichkeit wird verkauft.

Bei den Handelsnationen machen die Kapitalisten fast durchweg gemeinsame Sache mit den Spekulanten. In den großen Städten gibt es deshalb auch nur zwei Klassen von Bürgern: Die eine vegetiert im Elend, die andere strotzt vor Überfluß. Diese besitzt alle Mittel der Unterdrückung, jener mangelt es an allem, um sich zu verteidigen. Das hat man in Venedig, Genua und Florenz gesehen, als der Handel dort die Reichtümer Asiens ins Land brachte. Fürstlicher Reichtum auf der einen, Mangel an Brot auf der anderen Seite: Das ganze Volk unter dem Joch einiger weniger.

In den Monarchien ergibt es sich nun, daß sowohl die Rei-

chen, wie auch die Armen zu Helfershelfern des Fürsten werden. Aus der Klasse der Bedürftigen rekrutiert dieser seine Legionen von Söldnern, die die Armee zu Land und zu Wasser bilden. Häscher, Spione und Schnüffler werden gedungen, um das Volk zu unterdrücken und in Ketten zu legen. Aus der Klasse der Reichen stammen die Privilegierten, die Titel- und Würdenträger, Magistratsbeamten und Offiziere. Auf diese Weise bringt das Vermögen diese Leute noch mehr als deren Geburt dem Throne näher, öffnet die Türen zum Senat und den einflußreichen Stellen. *Man sieht dies in Frankreich, wo fast alle Adligen der jüngsten Zeit aus irgend einem Steuer- oder Finanzpächter hervorgegangen sind. Blutsauger an der Kraft des Volkes, so kommen diese Beamten nach oben, wenn es sich nicht gar um einen Kammerdiener handelt, der durch erbärmliche Intrigen reüssiert hat.*
So also verwandelt der Handel reich und arm in Werkzeuge der Unterdrückung oder Knechtschaft. Der Handel verdirbt nahezu alle, die an ihm teilhaben. Er hat aber noch weiteren Einfluß durch den Luxus, den er mit sich bringt.

Vom Luxus

Sein erster Effekt ist, die Liebe zum Ruhm zu ersticken. Denn wer die Blicke schon durch herrliche Equipagen, prunkvolle Kleidung und eine Menge Diener auf sich lenken kann, sucht nicht mehr, sich durch reine Sitten, große und heroische Taten auszuzeichnen. Das Vergnügen steht obenan. Die Galanterie macht sich breit und bringt jene Frivolität, die alle Nichtigkeiten preist, alles Wichtige aber bis zur Pflichtvergessenheit herabsetzt.
Durch die erwähnte Bestechung und Verweichlichung führt

der Luxus dazu, sich widerstandslos dem W illen eines herrischen Gebieters zu unterwerfen. Er zwingt das Volk dazu, mit dem Opfer seiner Freiheit die Ruhe und Behaglichkeit zu bezahlen. *Die Auswirkungen des Luxus sind so verhängnisvoll, daß man selbst diejenigen Künste in Zweifel ziehen muß, die unmittelbar mit ihm in Zusammenhang stehen. Aber warum, frage ich, soll man eigentlich der Freiheit alles opfern? — Ihr Uneinsichtigen, hängt nicht von ihr die Gerechtigkeit, der Friede und das Staatswohl ab? Ist denn nicht der Erwerb von Achtung und Ansehen durch Tugend und Verdienst, Selbstachtung und öffentliche Verehrung ein Äquivalent dafür, mit gesuchtem Pomp zu protzen? Wo wäre der Athener geblieben, der nicht alles der Ehre geopfert hätte, um in der Vasenkunst verewigt zu werden? Man prüfe doch das Schicksal der Staaten, die die Freiheit verloren haben. Man erinnere sich an die Schrecken des Despotismus eines Tiberius, Nero, Caligula, Claudius und Caracalla. Auch an die eines Ludwig IX. Karl I., Jakob II. oder Ludwig XIV.. Erst wenn das Reich die Beute einer Horde von Schergen geworden ist, wenn die Namen der Verfolgten überall erschallen, wenn das Blut der Bürger in Strömen fließt, dann empören wir uns gegen Willkürherrschaft und fühlen mit Entsetzen das Unglück der Völker, die ihr unterworfen sind.*

Der Luxus führt aber nicht nur zur Entnervung, sondern auch zu Streit. Er fördert die Sucht, sich gegenseitig zu übertrumpfen. In dem Maße wie der Luxus sich ausdehnt, setzt er das Überflüssige in den Rang des Notwendigen. Die neu erzeugten Bedürfnisse drängen nach Befriedigung. Alle können ihnen nicht fröhnen, und so kommt die Zwietracht, die Eifersucht und der Haß. *Wieviele Fürsten haben diese Zwietracht durch ihre Verordnungen erst angestiftet! In einem Edikt von 1244 verbietet Philip le Bel den Bürgern das Tra-*

gen von Grün, Grau, Hermelinpelz, Gold und Edelsteinen. Dies ist dem Adel vorbehalten. Den Reichen wie den Armen wurde vorgeschrieben, welche Qualität von Stoffen sie tragen durften.

Das Übel wird ständig schlimmer, man wird von neuen Wünschen zerfressen. Was heute einen auszeichnete, reicht morgen schon nicht mehr. Gleichheit ist unerträglich, man muß auffallen. Die Mittel reichen nicht mehr, und man verkauft sich selbst. Es wird alles daran gesetzt, nur nicht der Letzte zu sein und erniedrigende Armut zu zeigen: Eine freiwillige Sklaverei! Selbst freiheitsliebende Völker können so dem Luxus zum Opfer fallen.

In Rom kam mit dem Gold der Besiegten der Sittenverfall, und diese einst so stolzen Männer wurden gemeine Anbeter ihrer Herrscher und erniedrigten sich täglich neu. Trotz der Weisheit der Gesetze erkannte man diese schlaffen Nachkommen nicht mehr. Sitten und Pflichten standen bald im Gegensatz. Armut wurde verachtet, Reichtum wurde zum höchsten Wunschobjekt und man ging mit Begeisterung der Wollust nach. Wenn diese Lüstlinge dann verarmt waren, so wurden sie von ihren ererbten Besitzungen verjagt. Der Staatsfriede war gestört, einflußreiche Männer hetzten das Volk auf. Nach und nach wird das Vaterland von Cliquen zerrissen, es kommt zu Blutvergießen, und die Gerechtigkeit wird zum Schweigen verurteilt. So ging in Athen und Sparta die Freiheit zugrunde. So wird sie bei den Engländern untergehen. Und schließlich auch bei uns.

Der Reichtum erweist sich also als Quelle all dessen, was Ansehen verleiht. Mehr als Geburt, Verdienst, Talent und Tugend, er gilt als das höchste Gut. Die Habsucht gibt allen Herzen ihr tödliches Gift ein. Vom Goldrausch erfaßt, findet man nichts mehr dabei, sich mit Schmach zu bedecken. Und genau dies nutzen die Herrschenden emsig aus. Sie bringen es fertig, diese Habsucht auch noch zu fördern, und zwar durch – Glückspiel, Wetten und Lotterien. Ein Kunstgriff, der ständig von den Regierungen Frankreichs, Englands, Hollands und vor allem Venedigs angewendet wird. Durch dieses Hilfsmittel verschafft sich der Herrscher nicht nur zusätzliches Geld, sondern er amüsiert dabei das Volk, hindert es am Nachdenken über seine Lage und am Erkennen der Fallen, die man ihm stellt.

Von der Ausschweifung

Ein weiteres Mittel zu Unterwerfung des Volkes ist es, seine Neigungen nicht mehr zu kontrollieren. Um die Freiheit sorgt es sich nicht mehr, um die öffentlichen Angelegenheiten genau so wenig. Nur noch Bedürfnis und Vergnügen zählen. Ist man erst richtig ins Geld verliebt, warum dann nicht auf Rechte verzichten, um sich dieses zu beschaffen? Willig präsentiert das Volk sein Haupt für das Joch und erwartet geduldig seinen Lohn. Geruht dann der Fürst, sein Volk zu feiern, dann geht dieses so weit, seinen Tyrannen auch noch zu segnen. Die Griechen nannten Kyros ihren Vater und die Römer ergingen sich in Lobpreisungen ihrer Kaiser.
In Venedig geht man im Verderben des Volkes aber noch weiter: Man protegiert öffentlich die Kurtisanen, und die Türen zum zweifelhaftesten Amüsement, zum Glücksspiel werden geöffnet. Jeder kann sich dort während des Karnevals ruinieren. Und seltsam: An jedem Tisch sitzt ein Edelmann in eine Toga gekleidet und hält die Bank. Der zügellose Lebenswandel wird allgemein, sogar bei der Geistlichkeit, in solcher Weise gefördert, daß alle Wüstlinge die Regierung des Dogen preisen.
Man kann beobachten, daß in allen Ländern die Schlemmer

und Kurtisanen, die Spieler und Gauner, die Industrieritter und Spione – für den Fürsten sind. Sie erwarten vom Hof eine Lebensstellung – von diesen öffentlichen Verschwendern und Betrügern!
So wird dieses hemmungslose Leben, das das Volk Freiheit nennt, eine der Hauptursachen seiner Knechtschaft. Diese Art Freiheit ist bald nur noch ein Mittel, um in Ruhe seinen Besitz zu erweitern und sich hemmungslos zu amüsieren. Bis dahin hat das Kabinett nur darauf hingearbeitet, die Völker einzuschläfern, in Sicherheit zu wiegen, zu erniedrigen und zu bestechen. Das heißt, sie an das Joch, das sie eines Tages tragen werden, anzupassen. Aber nun geht man daran, die Ketten zu schmieden.

Wie man sich willige Kreaturen schafft

Bei einer Regierung, in der der Fürst über die Pfründe, die Ämter und Würden verfügt, kann er sich leicht Freunde machen. Zuerst vergibt er diese Trümpfe noch nach Verdienst, aber schon bald nutzt er sie für seine persönlichen Zwecke aus.
Mit den Großen arrangiert er sich zuerst, indem er sie an seiner Autorität teilhaben läßt. Diesem winkt er mit dem Anreiz einer Stellung, jenem mit dem Glanz eines Ordens. Unabhängig von der Menge der Funktionäre im Staat hält er die Hoffnung dieser vornehmen Nichtstuer und dieser kleinen Ehrgeizlinge ständig wach: So laufen sie pausenlos seiner Gunst und den zu erwartenden Würden nach. Wen er damit noch nicht gewinnen kann, den macht er durch Versprechungen, Aufmerksamkeiten und Schmeicheleien gefügig. Werden diese Würdenträger erst sichtbare Anzeichen von Anerkennung gewahr, so tun sie alles, um sie sich zu erhalten.

Haben diese Intriganten aber erst einmal einen Posten, so ist ihre Hauptbeschäftigung, den Fürsten zu beweihräuchern, um möglichst viel an seiner Autorität teilzuhaben. Anders ausgedrückt: Sie beladen sich mit eisernen Fesseln, um sie alsbald an andere weiterzugeben. Jeder sucht mit Eifer die Gunst des Höheren, und dies gilt selbst für die niedrigsten Rangstufen. Je reicher der Fürst, desto besser kann er sich also Abhängige schaffen. *Von Karl V. bis zu Philip V. wurden jährlich aus dem spanischen Staatsschatz 90 Millionen livres an Pensionen für die Granden ausgegeben. In Frankreich zahlte die Staatskasse seit Ludwig XIV. mehr als 40 Millionen livres an die Pensionäre des Königs.*
Reich und Arm zieht also das gelbe Metall der Freiheit vor und ist jederzeit bereit, seine Ehre dafür zu verkaufen. *Solange die Bescheidenheit in Rom geschätzt wurde, kamen diejenigen in den Magistrat, die dessen am würdigsten waren, die am besten regieren oder am besten den Feind bekämpfen konnten. Als aber der Reichtum die Herzen verdorben hatte, da berief man diejenigen, die das Volk am besten bejubeln konnte.*
Wie haben sich doch die Dinge geändert! Die Liebe zur Gleichheit einigte die Kinder des Vaterlandes, indem sie das Einzelinteresse im Gemeinwohl aufgehen ließ. Jetzt bricht die Gier nach Geld und Pomp diese Bindungen und isoliert jeden einzelnen.
Sieht man diese Zwietracht und Käuflichkeit der Bürger, so könnte man an der Sache der Freiheit verzweifeln.
Aber – unter all diesen Männern, die nur darauf warten, sich bestechen zu lassen, kann der Fürst nur diejenigen erfassen, die sich kaufen lassen.
Man kann die Feststellung machen, daß – zu seinem Bedauern – immer noch einige dem Vaterland Getreue übrig bleiben.

Die Liebe zum Ruhm soll verlöschen

Wenn der Drang, sich auszuzeichnen alle Bürger beflügelt und ihre Seele nur nach Ruhm dürstet, dann wird diese unerschrockenen Verteidiger der Freiheit keine Gefahr, kein Hindernis und keine Rücksichtnahme abschrecken. Sie würden eher Qualen in Kauf nehmen, als die Schande, ihr Land dem Willen eines Tyrannen auszuliefern. Folglich versäumen die Fürsten keine Gelegenheit, um das ehrfurchtsvolle Interesse der Öffentlichkeit auf andere Dinge zu lenken. An die Stelle des Ruhmes, über den das Volk zu befinden hat, setzen sie die Würde, die sie selbst vergeben. Und anstatt Dienste zu belohnen, die dem Staat geleistet worden sind, entlohnen sie solche, die ihnen persönlich dargebracht wurden.

Es werden also nur die mit Auszeichnungen versehen, die der Fürsten persönliche Anhänger sind – ohne Rücksicht auf das wahre Verdienst. Daraus ergeben sich für eben diese Würden zwei entgegengesetzte Effekte: Die kleinmütigen Geister sind begierig danach, die großen verachten sie. In Anbetracht der Art ihrer Verteilung und dem damit bedachten Personenkreis wird die Ehre wertlos. Ist es aber so weit, so bleibt nichts mehr im Staat, um zu guten Taten anzuregen. Denn welcher Vernünftige möchte sich mit dieser Schein-Achtung zufrieden geben? So kommt die Ruhmesliebe in allen Herzen zum Erliegen, weil sie nichts mehr findet, woran sie sich entflammen kann.

Die Unterwürfigkeit wird gefördert

Da der Fürst also über die Vergabe aller Ämter, Ehren und Würden verfügt, ist seine Gunst das Objekt aller Wünsche. Um etwas zu sein muß man ihm gefallen. Allenthalben opfert man den Vorzug der Freiheit einem glänzenden Joch. Man spricht mit Emphase von des Fürsten bescheidenen Meriten, man verleiht ihm alle Tugenden und läßt seinem Glück freien Lauf, unter seinen Gesetzen leben zu dürfen.
Die Kriecher verachten sogar noch diejenigen, die nicht gewillt sind, diesem Beispiel zu folgen und buhlen um die erbärmliche Ehre, das Werkzeug, nein das Spielzeug ihres Fürsten zu sein. *Auch wenn in England die beiden Kammern des Parlaments sich beim Monarchen bedanken, so kennt ihre Lobhudelei keine Grenzen mehr. Tat er wenig Gutes, oder auch Schlechtes, er wird belobigt, bedankt, und zwar am eifrigsten, wenn er es am wenigsten verdient.*
Was gilt denjenigen, die doch die Schiedsrichter im Staat sein sollten, diese erbärmliche Kriecherei?
Oder glaubt etwa jemand, dies sei übertrieben? Wenn man aber das Lobgeschwätz wie Wertloses verteilt, was bleibt denn dann für solche Könige, die sich bemühen, gute Landesväter zu sein? Wo bleibt der Anreiz für das Tugendhafte, wenn Schmeichelei und Lobreden, die eigentlich nur Verdienstvollen zukommen, verschwendet werden? Welcher Herrscher könnte in Anbetracht dieses unwürdigen Mißbrauches noch die geringste Regung verspüren, sich des Thrones einigermaßen würdig zu erweisen?
Diese Streitfragen der Etikette, so wird man einwenden, sind für die Freiheitsliebe nicht entscheidend. Darauf erwidere ich: Die Schmeichelei und die Käuflichkeit gehen seit jeher Hand in Hand. Die eine kommt selten ohne die andere — und die Sklaverei folgt ihnen nach.

Aber man geht noch weiter. Da die Hofschranzen keinerlei Tugend besitzen, sind ihnen diejenige der Ehrhaften im höchsten Grade zuwider. Und so wird keine Gelegenheit versäumt, um diese lächerlich zu machen. Dauernd werden hervorragende Taten herabgesetzt, tüchtige Leute verleumdet, die Freiheit beleidigt und deren Anhänger erniedrigt. Zunächst verachtet man sie in gemeinen Reden. Da diese aber mit größter Frechheit – ohne rot zu werden – wiederholt werden, geraten auch wohlmeinende Bürger ins Zweifeln. Da die Mehrzahl der Menschen den wahren Wert nicht erkennt und nach Gerede und Anschein urteilt, wandelt sich diese anfängliche Verblüffung schließlich in Bewunderung für die Verleumder.

Der König seinerseits läßt nur diejenigen zu Ehren kommen, die sich ducken. *Obgleich der infame Doktor Manwerings, dieser Apostel des Despotismus, vom Parlament für unwürdig erklärt wurde, einen Posten in der anglikanischen Kirche zu bekleiden, ernannte ihn Karl I. für die reiche Pfründe von Stemford River in Essex.*

Wer sich auch nur einen Augenblick an die Pflicht erinnert, fällt in Ungnade. In solch schwierigen Positionen halten sich gerade die käuflichen Subjekte und Schurken, die neben ihrer Ehre dann auch ihre Protektion verkaufen. Kein Wunder, daß bei Hofe alle Laster regieren und hoch erhobenen Hauptes einhermarschieren.

Man paßt sich also an; selbst die Vernünftigsten haben für Tugenden nur noch eine kühle Bewunderung, und auch die besten Patrioten werden dem Staatswohl gegenüber gleichgültig. Nichts regt mehr zu selbstlosen Taten an; Faulheit, Geiz, Verdrossenheit führen zu Pflichtverletzung. Anstatt Würde und Eifer zum Wohle aller macht sich alsbald ein schrankenloser Egoismus breit. Und für die dem Fürsten untertänigen Höflinge gilt es nun als Auszeichnung, sich durch infame Prostitution seinem Willen zu unterwerfen.

Tüchtige und verdienstvolle Männer werden aus ihren Ämtern entfernt

In einer neu errichteten, freien Regierung stellt man diejenigen ans Ruder des Staatsschiffs, die sich bereits ausgezeichnet haben. Dasselbe könnte man billigerweise auch vom Fürsten erwarten. Aber das Gegenteil trifft zu: Um unbehelligt seine Winkelzüge ausführen zu können werden die tüchtigsten Männer unauffällig entfernt und durch solche ersetzt, die sich leicht gängeln lassen und ihre Ergebenheit beweisen. *Genau dies gehörte auch zur Politik Jacob I. (von England). Sobald im Oberhaus oder in der Justiz sich jemand auszeichnete, beeilte er sich, ihn zu entfernen. Dafür ein handfestes Beispiel: Bacon hatte ihm diskret den Vorschlag unterbreitet, ihn, Bacon selbst, als Kanzler einzusetzen, da „die Popularität des Kanzlers Cook bereits zu groß und damit unwürdig" sei. Jakob I. hatte nichts Besseres zu tun, als umgehend diesen heimtückischen Rat zu befolgen.*

Die Scheinheiligkeit der Fürsten

Nur sehr wenige Fürsten sind unerschrocken genug, um die Freiheit offen anzutasten. Sie legen sogar größten Wert darauf, den schönen Schein zu wahren und Popularität auf ihre Fahnen zu schreiben.
Heuchelei gehört so unabdingbar zum fürstlichen Wesen, daß dies auch auf solche zutrifft, bei denen man es aufgrund ihrer Größe und Machtfülle gar nicht vermutet hätte. Als die Armee Karls V. in Rom viele Grausamkeiten begangen und dabei Papst Clemens VII. aufs Unwürdigste behandelt hatte, hüllte sich Karl V. in Trauer, befahl Gebete und Prozessionen in allen Kirchen für die Befreiung des Heiligen Vaters, den er

selbst gefangen hielt. Er dachte nicht daran, die Schuldigen zu bestrafen. Lamotte le Voyer 2. Band, Seite 178.

Manche sind sogar ganz besonders schlau, indem sie sich bösartiger, aber durchaus bevollmächtigter Beamter bedienen, die die Bürger zum Narren halten, schikanieren, ausplündern und unterdrücken. Sie genießen die Früchte der Aktivität dieser unwürdigen Minister, belasten sie aber mit der alleinigen Verantwortung, ja, bestrafen sie sogar, um sich auf diese Weise einen großartigen Ruf als gerechter Fürst zu schaffen. Dabei hätten sie selbst es gar nicht gewagt, sich in solcher Weise der Unpopularität, ja dem Haß und den Verwünschungen des Volkes auszusetzen! Eine Ränke ohnegleichen: Während andere für ein und dieselbe Sache verwünscht werden, lassen diese sich dafür segnen.

Zuweilen erweitern sie ihre Macht – indem sie ein Stückchen davon zurückgeben. Um Vertrauen zu gewinnen, lassen sie ein paar Gesetze anullieren, die die Freiheit zu sehr einschränken. Nach solchem Opfer erhalten sie erst recht freie Bahn für alle ihre Wünsche, und das Volk ist es zufrieden.

Geheime Machenschaften

Während sich also die Völker dem Schlaf hingeben, unternimmt der Fürst, der sich von Männern umgeben sieht, die sein Verhalten nicht sorgfältig überwachen, einige Schläge gegen die Freiheit. Um das Terrain zu sondieren, riskiert er einige Vorschläge, die seine Pläne begünstigen. Werden diese akzeptiert, so ist dies eine Grundlage, auf der er eiligst aufbauen kann. Erleiden sie aber Schiffbruch, so weiß er mit List seine wahren Absichten zu verschleiern.

Es gehört zu den Grundprinzipien Macchiavellis, daß die Fürsten die Leute nach allen Regeln der Kunst betrügen müssen, um in Ruhe regieren zu können. „Es ist notwendig“ sagt er in seinem Principe, „ gut zu simulieren und zu vertuschen. Die Menschen sind so gehorsam und unerfahren den Notwendigkeiten gegenüber, daß derjenige, der betrügt, immer welche finden wird, die sich betrügen lassen.“

„Für das Staatswohl“ – dieser herrliche Vorwand, mit dem die Regierenden so gerne ihre eigenen ehrgeizigen Projekte verbergen, diese Floskel wird ständig im Munde geführt; als ob dem Regenten das öffentliche Wohl so sehr am Herzen liege.

Man soll sich nur seinem Wohlwollen ausliefern. Schamlos wird Gott zum Zeugen genommen, um einen Meineid zu schwören. Er betont seine Ehrfurcht vor den Gesetzen, die er im selben Augenblick vergewaltigt. Und die Völker sind dumm genug, seinen Schwüren Glauben zu schenken. Außerdem findet er auch noch die Möglichkeit, seine eigenen Pläne mit Hilfe seiner Kreaturen im Namen der Bürger vorschlagen zu lassen. Dies verfängt in jedem Fall – das Volk geht wieder auf den Leim. So ließ Pitt durch sogenannte Patrioten das Projekt einer dauernden Bürgerwehr vorschlagen, was akzeptiert wurde. Daraufhin ließ der königliche Hof, wiederum durch angebliche Patrioten, eine Miliz auf dem Stand der regulären Truppen vorschlagen. Gott gnade England, wenn auch dieser Plan durchgeht.

Ehe also der Angriff auf die Freiheit erfolgt, werden die Feste, Bankette und Spiele aufs höchste gesteigert und die Untertanen sogar noch dem Rausch des Glücksspiels ausgesetzt.

Da die Leute von Einfluß auf das Regierungsgeschehen sich im allgemeinen in der Hauptstadt befinden, konzentrieren sich diese Verführungsmaßnahmen auch fast immer auf dieses Gebiet.

Für die Rückkehr Mazarins nach Paris wollte Ludwig XIV. das Volk günstig stimmen. Er erließ deshalb Befehl, daß die Auszahlungsstellen ständig geöffnet blieben, um rückständige Renten auszuzahlen. *Geschichte des Kardinals Mazarin, Bd. 4.*

Und wenn eben dieser König der Freiheit einen tödlichen Schlag versetzen wollte, so verschwendete er zuvor die Staatsgelder für Feste, Bankette und Turniere.

So gab er zum Beispiel ein wunderbares Fest – genau an dem Tag, als er das Edikt von Nantes widerrief. (Voltaire: Das Jahrhundert Ludwigs XIV.).

Bei jedem gefährlichen Unternehmen hält sich also der Fürst einen Ausweg und den Anschein der Gerechtigkeit offen.

Karl II. hatte den Plan der absoluten Herrschaft. Er benutzte dazu die Kunstgriffe des Herzogs von Landersdale. Das schottische Parlament wurde zu einem Akt veranlaßt, der es gestattete, zahlreiche Miliz aufzustellen und diese dann auch im Staat zu verwenden, ohne daß es dazu eines besonderen Befehls des Königs bedurft hätte. *Rapin, Geschichte Englands.*

Auf diese Weise entließ er scheinbar diese Soldateska aus seinem Befehl und ließ sie an den des Rates übergehen. Damit konnte er nach Belieben darüber verfugen, sie sogar gegen das eigene Land in Marsch setzen, wobei es so aussah, als habe er sie gar nicht gerufen. Im Falle des Mißlingens aber würde der Vorwurf nicht auf ihn, sondern auf den Rat fallen.

Diese Winkelzüge sind die Stärke der Cabinetspolitik. Dies

umso mehr, als sich die unheilvollen Auswirkungen nicht im Augenblick erkennen lassen.
Die öffentliche Empörung tritt immer erst dann ein, wenn die Sache schon stattgefunden hat, geht also niemals dem Ereignis voraus. Dies gibt den Halunken am Ruder des Staates die Zeit und Muse, um der Explosion der Volkswut zuvorzukommen.
Die Schläge gegen die Freiheit haben das Volk immer noch nicht alarmiert. Sein Wohlbefinden scheint sich sogar ständig zu steigern. Aber bald wird sich alles ändern: Schon gibt es keine Feste und Spiele mehr; traurige Szenen werden folgen. Hellsichtige Bürger sehen die drohende Gefahr, und die Zukunft eröffnet ihnen nur noch eine trostlose Perspektive.

Neuerungen

Es gibt keine politische Verfassung, in der die Bürgerrechte so fest verankert sind, daß sie der Regierung nicht doch noch Handlungsspielraum ließen.
Es gibt keine Verfassung, bei der der Gesetzgeber hellsichtig genug gewesen wäre, um Neuerungen gänzlich zu unterbinden. Und Neuerungen stehen immer am Anfang, wenn die Fürsten die Grundlage zu ihrem widerrechtlichen Imperium schaffen.
Zunächst beginnt alles ganz harmlos: Der Tempel der Freiheit wird nicht durch Anrennen, sondern durch Unterminieren zum Einsturz gebracht. Die Einschränkungen der Bürgerrechte sind so fein dosiert, daß weder eine Sensation noch ein Eklat entsteht. Ist es schon nicht zu umgehen, diese fatalen Neuerungen in der Öffentlichkeit publik zu machen, so beschönigt man sie, indem man Tatsachen verdreht und in-

dem man die kriminellsten Aktionen mit schönen Namen verziert.
Oft beginnt man mit leichten Reformen, die eigentlich nur Gutes verheißen. Man hält sie in nichtssagenden Wendungen, die auf den ersten Blick recht plausibel klingen und deren Konsequenz man nicht erkennt, aus denen aber unverzüglich vom Fürsten Vorteile gezogen werden. Oder noch besser: Man bringt einen kleinen Schlußartikel an, der all das zerstört, was das Vorangegangene allenfalls an Vorteilen gebracht hat und nur das Verhängnisvolle der Sache übrig läßt.
Ein anderes Mittel ist das Abwarten einer künstlich hervorgerufenen Krise. Nun wird unter dem Vorwand der staatlichen Notwendigkeit zu empfindlichen Maßnahmen gegriffen, die mit besonderen Umständen und schlechten Zeiten motiviert werden. Dies alles unter der Versicherung reiner Absichten und väterlicher Liebe. Zögert aber jemand, den herrschaftlichen Maßnahmen zuzustimmen, so wird ihm zugerufen: Was, ihr wollt nicht; dann rettet euch doch selbst vor dem Abgrund! –
Niemand hat die Kraft, Widerstand zu leisten, und man läßt sich trotz mancher Bedenken treiben. Wird die Falle entdeckt? Höchstens dann, wenn man sie nicht mehr umgehen kann. Das Volk gleicht hier dem Löwen, der in das unter Blattwerk verborgene Netz gefallen ist und nun um sich beißt, um es zu zerreißen: Hier wie da verfängt man sich nur immer tiefer darin.
Unter irgendwelchen Vorwänden beginnt der Fürst auch, neue Ämter zu schaffen, besonders in der Gerichtsbarkeit, die er nach und nach zu willkürlichen Entscheidungen treibt.
In England hatte Heinrich VIII. das Recht an sich gerissen, die Pairswürde ohne Einwilligung des Parlaments zu verge-

ben. *Lord Beauchamp war der erste Pair, der aufgrund einer Urkunde des Königs im Parlament Platz genommen hatte. (Hume: Geschichte Englands).*
Unter dem Vorwand, diejenigen seiner Untertanen zu fördern, die nicht die Mittel hatten, sich vor dem Gerichtshof von Westminster Recht zu verschaffen, setzte er den Rat von York ein. Zunächst wurden dort die auch bei anderen Gerichten gültigen Rechtsnormen eingehalten; bald aber erhielt dieses außerordentliche Gericht Anweisung, nur noch die Wünsche des Cabinets zu berücksichtigen.
Unter dem Vorwand, daß das den Staat überschwemmende Gesindel zu zahlreich sei, um mit normaler Rechtsprechung noch unter Kontrolle gehalten werden zu können, richtete Eduard I. ein Sondergericht unter der Bezeichnung Commission of Trial Baton ein, das er wenig später dahingehend erweiterte, daß es nicht nur diese spezifischen, sondern sämtliche Straftaten aburteilen konnte: Eine grauenhafte Inquisition, die schon allein genügt hätte, die Freiheit auszurotten. Die Mitglieder dieses Gerichtes reisten durch die Provinzen, wüteten schon beim geringsten Verdacht, verurteilten auf den fadenscheinigsten Beweis, füllten die Gefängnisse mit angeblichen Übeltätern und erlaubten ihnen anschließend, sich die Freiheit durch große Summen zurückzukaufen, die dann auch noch in die Schatulle des Königs flossen. *Hume, Geschichte Englands.*
Solche Sondergerichte sind ein gewaltiger Schritt in Richtung auf die Willkürherrschaft: Dadurch wird die Autorität des Magistrats annulliert und auf den Fürsten übertragen. Dieser macht daraus eine ebenso offensive wie defensive Waffe, die ihn für alle, die ihm Widerstand zu leisten wagen, furchterregend macht. Übrigens beginnen diese Gerichte nicht mit aufsehenerregenden Urteilen gegen angesehene

Bürger, sondern gegen zwielichtige. Scharfe Maßnahmen werden vor allem gegen große Übeltäter angewendet. Deren Züchtigung und abschreckende Bestrafung erfreut immer das Volk, selbst wenn sie unangemessen und willkürlich ist. Die Bürger pflegen nämlich lieber ihre Ressentiments, als daß sie auf peinlich genaue Einhaltung der Gesetze achten. Sie sind immer bereit, auch ungerechte Macht zu konzedieren, ohne Besinnung darauf, daß sie selbst eines Tages darunter leiden werden.

Wenn der Fürst keine neue Gerichtsbarkeit einrichtet, so ändert er doch die Funktionen der bestehenden. Heinrich IV. von England befahl, daß die Urteile der königlichen Gerichtshöfe nicht der Prüfung durch das Parlament unterliegen sollten, es sei denn man beschuldigte die Richter der Unwissenheit oder der Unterschlagung. Jakob I. machte den Rat von York ebenfalls unabhängig. Unglückliche Opfer wurden vor diesen geschleppt, wenn sie sich weigerten, sich zu unterwerfen. Dasselbe Mittel zur Unterdrückung wurde von Karl I. angewendet: Blutgerichte, wo Schurkerei sich mit der Gerechtigkeit die Waage hält, wo wahres Recht zu Grabe getragen wurde und wo die Tyrannei jeden Tag irgend ein unschuldiges Opfer fand!

Die Anzahl der regierungshörigen Kreaturen wird vermehrt

Zur Machtausweitung wird von den Fürsten auch gern zu dem Mittel gegriffen, die Ämter und Titel um ein Wesentliches zu vermehren. Unter den Fürsten des Österreichischen Königshauses, die den spanischen Thron bestiegen, gab es eine Unzahl von Dienststellen. Tausende von Beamten waren praktisch ohne Funktion. Kaum sah man einen gut

und üppig gekleideten Staatsbürger, der nicht mit irgend einer Charge versehen war. *Desormeaux, Chronologischer Auszug der spanischen Geschichte.*
Aber warum Einzelbeispiele?
Um ihre Kreaturen zu vermehren, haben sich in Europas verschiedenen Monarchien die Könige allerhand Würden ausgedacht: Fürsten, Erzherzöge, Herzöge, Pairs, Grafen, Markgrafen, Reichsgrafen, Barone, Ritter, Edelleute.
Um ihre Kreaturen zu vermehren, haben sie Provinzgouverneure geschaffen und Stadtkommandanten, Burggrafen, Generäle, Marschälle, Seneschälle, Amtsvögte usw.
Um ihre Kreaturen zu vermehren, wurden ihre Hausangestellten mit großen Offizierschargen versehen, Hofgeistliche und Oberhofgeistliche, Militärseelsorger, Kanzler, Großkanzler, Kammerjunker, Ehren-Junker, Garderobenmeister, erster Stallmeister, Oberstallmeister, Steigbügelhalter, Großbrotverteiler, Jägermeister, Meister für die Falkenjagd, Meister für die Wolfsjagd, Großquartiermeister, Profoß, Obermundschenke, Oberzeremonienmeister, Kammersekretäre, Geheimschreiber usw.
Um ihre Kreaturen zu vermehren, verschenkten die Fürsten Privathäuser an ihre Frauen, Söhne, Töchter, Onkel und Tanten und fügten damit ihrer eigenen aufgeblähten Verwaltung immer noch weitere auf Staatskosten hinzu. Nochmalige Verdoppelung erfolgte durch Erbanwartschaft auf jeden Posten.
Um ihre Kreaturen zu vermehren, haben sie im Justizwesen die Posten von Ehrenpräsidenten, Generaladvokaten, Generalstaatsanwälten, jeweils mit Stellvertreter, geschaffen. Desgleichen wurden die Stellen im Generalstab verdoppelt. Jedes Regiment hatte 2 Oberste, jede Kompanie 2 Hauptleute, jede Division einen Admiral, Vizeadmiral, Konteradmiral usw. Schließlich wurden die Notare zu königlichen Bei-

räten erhoben, ebenso Polizeiinspektoren, Salzabmesser bis herab zu den Schweinezählern. Alle diese Posten wurden außerdem noch vererbbar gemacht und damit ohne Rücksicht auf Verdienst oder Nichtverdienst privilegierte Klassen geschaffen. *Dieses System ist seit der Revolution abgeschafft.* Noch geht es allerdings nicht auf die absolute Alleinherrschaft zu. Dieser kühne Schritt würde der Nation die Augen öffnen, und eine so etablierte Autorität hält sich schlecht. Man wartet ab, bis auch der freie Bürger daran gewöhnt ist, zu gehorchen, damit man ihm wie Sklaven in der Knechtschaft Befehle erteilen kann.
Tarquinius – weder vom Senat, noch vom Volk gewählt – nahm Erbrecht für sich in Anspruch. Die wenigen verbliebenen Senatoren ignorierte er ebenso wie das Volk. Als er alle Macht auf sich vereinigt und Gesetze ohne und sogar gegen das Volk verkündet hatte, stand das Volk auf und verjagte ihn.

Teilung der Nation

Das Vaterland soll nicht nur vergessen, sondern im Bewußtsein ausgelöscht werden. Männer, die durch und für die Freiheit geeint sind, können nicht unterworfen werden; deshalb sucht man nach Mitteln, sie zu trennen. Man hat schon gesehen, daß der Fürst die ursprünglich auf das Verdienst gerichtete Ehrung durch Schaffung der von ihm abhängigen Klassen ersetzt.
Die einen bekommen Regierungs-, die anderen Verwaltungspositionen und wieder andere militärische Posten und – nicht zu vergessen – die kirchlichen Handel, Handwerk und Gewerbe bleiben für die untersten Klassen übrig. Die großen

verachten nun die Kleinen, und die Kleinen hassen die Großen. Anders ausgedrückt: Der Klassenhaß beginnt, und dessen niedrige Leidenschaften verewigen die Zwietracht unter den Staatsbürgern – zugunsten des Fürsten.
Servius Tullius teilte das römische Volk in sechs Klassen, *(Titus Livius, 1. B.)* die in 193 Zenturien eingeteilt waren, wobei nur die ersten das Wahlrecht hatten, und gerade durch dieses Klassenwahlrecht befand sich alle Macht in den Händen der Reichsten. Bis zur Zerstörung der Republik durften nur wohlhabende Bürger Waffen tragen und in der Kavallerie dienen.
So wurde die zahlenmäßig stärkste Klasse des Volkes einfach für nicht erachtet, und die bejammernswerten Unterschiede, die die anderen Klassen voneinander trennten, waren ein ewiger Herd der Zwietracht, von dem der Senat und die Kaiser wechselseitig profitierten, um zur absoluten Herrschaft zu gelangen.
Seit dem Ursprung der französischen Monarchie waren die ehrenvollen und lukrativen Posten ein Reservat des Adels. Unter mehreren Königen waren auch die militärischen Chargen den Edelleuten vorbehalten. Eine absolute Steuerbefreiung genoß diese Gruppe bis zur Zeit Karls VII. So wurde zu allen Zeiten die Masse des Volkes durch diese ungerechten Diskriminierungen der Verachtung des Privilegierten preisgegeben, und niemals unternahm ein Fürst das Geringste, um das Volk aus dieser Erniedrigung herauszuführen.

Um die Eifersucht unter seinen Untertanen zu schüren, schrieb Philip II. mit einem Edikt von 1586 die Titel und Zeremonien, die man sich gegenseitig zu geben hatte, vor. Wer sich diesen Vorschriften nicht unterwarf, wurde gerichtlich verfolgt.

Die venezianische Regierung unterscheidet das Volk in Bürger und Privilegierte, wobei letztere ausschließlich in den Räten und Gesandtschaften verwendet werden. *Von Zeit zu Zeit werden einige dieser Privilegierten in den Adel übernommen, um solche zu ersetzen, die als Adelsstamm aussterben. Dadurch wird diese Gruppe veranlaßt, gemeinsame Sache gegen das Volk zu machen. (Die bevorrechtigten Bürger umfaßten die Staatssekretäre, Ärzte, Advokaten, Notare, Tuch- und Seidenhändler und die Glasbläser von Murano.)*
Zusätzlich werden dann noch Feindseligkeiten zwischen den verschiedenen Stadtvierteln geschürt, indem man immer zwei entgegengesetzte Parteien unterhält, die sich Nicolotti und Castellani nennen.
Die Fürsten sind aber noch nicht damit zufrieden, die Nation nur in verschiedene Klassen und Interessengruppen aufzuteilen, sie fachen auch die Eifersucht durch Pensionen, Verleihung von Würden und persönliche Gnadenerweise, die sie einigen gewähren, an. Der römische Senat nahm immer auch die mächtigsten plebejischen Familien in sich auf, um somit eine Handhabe gegen das Volk zu haben. Ludwig XI. nutzte jede Gelegenheit, um unter dem Adel Zwietracht zu säen und benutzte dazu die äußerste politische Raffinesse. Das gleiche taten die Venezianer auf dem italienischen Festland. Pietro Erizza, der Generalleutnant der Republik Venedig in Udine ließ sich ausdrücklich das Recht zuerkennen, den Grafen- und Marquistitel verleihen zu können, an wen immer er wollte. Er erreichte damit voll und ganz sein Ziel, nämlich Zwietracht zwischen den Familien zu säen, die nach dem Titel trachteten und denen, die ihn schon erhalten hatten. *(Amelot de la Houssaye: Die venezianische Regierung.)*
Um die staatliche Einheit aufzuteilen, geht der Fürst bisweilen sogar soweit, ganze Gruppen neu zu bilden. Als durch Hofintrigen das englische Parlament in Whigs und Tories

geteilt worden war und diese Fraktionen weitgehend unversöhnlich wurden, löste Karl II. das Parlament auf und ließ die Maske fallen. Nun zeigte sich, was dieser Balanceakt dem König einbrachte:
Viele Male vom Senat gedemütigt und oft zur Unterwerfung gezwungen, wurde nun dieser König ohne Armee, ohne Flotte, ohne Geld, ohne ausländische Hilfe mit einem Schlag der absolute Herr im Staat, nahm an seinen Feinden grausame Rache und opferte seiner Vergeltung gerade die Patrioten, die sich am meisten ausgezeichnet hatten. Mit einem Wort: Er wurde zum Tyrann.
Dieser Kunstgriff erweist sich als dermaßen verhängnisvoll für die Freiheit, daß es damit mehreren Monarchen gelungen ist, ihre Nation mit eisernem Zepter zu führen.

Man spielt die Stände gegeneinander aus

Es fällt dem Fürsten nicht leicht, die Inhaber der ihm unmittelbar unterstellten Ämter hinters Licht zu führen. Kann er sie also nicht betrügen, so macht er mit ihnen gemeinsame Sache, das heißt, er läßt sie an seiner Macht teilhaben. Noch deutlicher gesagt: Die Fürsten erheben zuerst den Adel, um das Volk niederzuwerfen, dann erheben sie das Volk, um das gleiche mit dem Adel zu tun. Die Willkürherrschaft baut sich somit weitgehend auf den Ruinen der Feudalregierung auf. In zurückliegenden Zeiten galt das Recht der Barbaren, Kriegsgefangene in die Knechtschaft zu führen, insbesondere dann, wenn sie als aufsässig bekannt waren. *Theoderich, der den Völkern der Auvergne mißtraute, sagte zu seinem Gefolge: Folgt mir, ich werde euch in ein Land führen, wo ihr Gold und Silber finden werdet, außerdem Gefangene, die ihr alle in eure Länder mitführen könnt.*

In dem Bestreben, die Völker zu versklaven, gab es für die Regierungen auch manche Fehleinschätzung. Eine Reihe von Königen war lange Zeit durch ihre Höflinge in Schwierigkeiten gebracht worden. Dies zeigt sich als Kehrseite einer tollen Machtgier einerseits und Fehlern in der Verfassung andrerseits, was beides zusammen zur Anarchie führen kann. In Frankreich hatte zwar die Verwaltung bei den Herzögen, Grafen und Baronen die des königlichen Hofes zum Vorbild. Im Lauf der Ereignisse dehnte sich jedoch die Macht der Vasallen weiter aus, als die des Königs. Diese Großen des Adels residierten fast alle auf eigenem Grund und Boden. Die Verbindungen zum Hof schwächten sich ab, die zu den Verwaltern verstärkte sich. Diese Verwalter stellten nicht nur Soldaten und ganze Armeen auf, sie nahmen auch an den Vergnügungen teil. Der Vasall war praktisch ihr kleiner König, dem sie folgten, der alles zu entscheiden hatte. Zunächst waren die Ländereien und die Chargen der Krone widerruflich. Die Adligen erhielten sie nur durch die königliche Gnade. Da dieser Besitz aber Autorität und Reichtum verlieh, taten die damit Bedachten alles, um sie zu behalten. Unter schwachen Königen wurde deshalb der adlige Besitz auf Lebenszeit, dann mit Erbrecht und schließlich unwiderruflich, erzwungen.
Je mehr diese Besitzverhältnisse nun ins Erbrecht übergingen, desto weniger betrachteten sich die Adligen als Untertanen. Mit der Zeit erreichten sie nahezu völlige Unabhängigkeit, und der Staat wurde dadurch praktisch in so viele Herrschaftsbereiche aufgeteilt, wie er Residenzen besaß. Unter dem Zeichen steigender Vasallenautorität gab es sehr mächtige unter ihnen, wie die Herzöge von Aquitanien und der Normandie, die Grafen von Flandern und von Toulouse, die sehr wohl Unternehmungen gegen die Krone anzetteln konnten.

Diverse Eifersüchteleien führten jedoch auch zwischen diesen Baronen zur Zwietracht. So verschanzten sie sich in ihren Burgen und führten einen dauernden Kleinkrieg gegeneinander.
Die Städte hatten kaum Handel und Industrie, und so war es fast unwesentlich, ob sie von Vasallen oder königlichen Beamten erpreßt wurden. Von Gerechtigkeit war nicht viel zu bemerken, Gewalt regierte überall, und je weniger Schutz die Regierung bieten konnte, desto mehr schlossen sich die Bürger dem Adel an, was dessen Macht wiederum vermehrte.
Kriege nach außen, während derer die Grenzen mehr oder weniger vor und zurück verlegt wurden, je nach Kriegsglück und Geschicklichkeit der Könige; Krieg im Innern gegen Adlige oder sogar einen Bruder des Königs. So präsentiert sich die Geschichte der ersten königlichen Dynastien. Am meisten hatte unter all diesen Kriegen das Volk zu leiden. Es wurde nach Belieben massakriert oder versklavt, so daß es schließlich nur noch Herren und Unterjochte gab. In späteren Dynastien wurde die königliche Autorität zeitweilig fast bis auf Null zurückgeschraubt. Weite Teile des Landes befanden sich in den Händen von Herzögen, Grafen und Baronen, die ihrem König gegenüber nicht einmal mehr Ehrerbietung bezeigten.
Durch Zufälligkeiten und Launen des Schicksals gelang es aber der Monarchie, wieder die Oberhand zu gewinnen. Nach und nach konnte sie – mit Hilfe des Volkes – den Adel unterwerfen.
Eine wichtige Gelegenheit zur Rekonstituierung der königlichen Macht lieferten die Kreuzzüge nach dem Heiligen Land. Eine Nebenerscheinung, die man bei dieser geheiligten Narretei weder vorausgesehen noch erwartet hatte.

Die Adligen wollten in einer ihrer Würde angemessenen Form bei dieser Sache vertreten sein, was sie in häufigen Fällen zum Verkauf ihrer Ländereien zwang. Die Könige profitierten von dieser Gelegenheit, um das so anfallende Gut der Krone einzuverleiben. Etliche bedeutende Vasallen waren während der Kreuzzüge umgekmmen, hinterließen keine Erben und gaben dadurch der absoluten Macht neuen Auftrieb. Ein weiteres Mittel zur Konzentration war die Beschränkung der adligen Gerichtsbarkeit auf unbedeutende Delikte.

Ludwig VII. war einer der ersten, der dem Volk Erleichterung seiner Lage zuteil werden ließ. Ludwig der Dicke gab an die Städte seiner Domänen Freibriefe heraus und schaffte jede Art von Knechtschaft ab. Er schuf Gilden und Zünfte, die unter der Autorität des Magistrats standen.

Ein wichtiges Prinzip des Feudalstaates war, daß die zu entrichtenden Steuern im gemeinsamen Rat in den Generalständen festgelegt wurden. Sie wurden zum ersten Mal 1304 und von da an regelmäßig einberufen. In ihnen waren die Sitze nach dem proportionalen Steueraufkommen verteilt, so daß das Volk ebenso viel Einfluß wie Kirche und Adel besaß. Die Könige brachten es jedoch bald fertig, die Einberufung hinauszuzögern und schließlich ganz einzustellen. In diese Zeit fällt der Sturz des Feudalregimes.

Nach vielen Anstrengungen war es Karl VII. gelungen, die Engländer sowie die Truppen von Burgund, die das Königreich fast vernichtet hätten, zu verjagen. Dieser König machte sich nicht nur seinen Ruf, sondern auch den Eindruck des Schreckens, den der Feind im Land hinterlassen hatte, zunutze. Unter dem Vorwand der Staatsverteidigung schwang er sich nun zum Alleinherrscher auf.

Ermattet durch den langen Krieg, ließ man ihn gewähren. Er schaffte die Vollversammlung ab, die jährlich unter Teilnahme des Adels abgehalten worden war. Er verbot Turniere, die an Bürgerkrieg hätten erinnern können. Er änderte das System der Rechtsprechung, des Finanz- und Kriegswesens. Von da an haben alle Könige mehr oder weniger die Macht der Krone erweitert, während sie gleichzeitig Adel und Volk niederwarfen.

Die Unterwerfung der Nation und zuweilen auch der königlichen Autorität in England und Spanien bietet ein ähnliches Bild. Verfolgt man den Lauf der Geschichte durch diese Zeiten der Unterrdrückung und Anarchie, so ist man entsetzt über das Unglück, das kriminelle Ambitionen der Führer über die Nationen heraufbeschworen haben. Man muß die Verblendung der Völker beklagen, die so lange unter dem Joch der Tyrannei geschmachtet haben, ohne Mittel und Wege zu finden, sich daraus zu befreien. Man könnte die Gerechtigkeit des Himmels anzweifeln, wenn man sich nicht ein wenig darüber trösten könnte, daß auch die abscheulichen Tyrannen mitunter selbst das Elend teilen mußten, das sie anderen zugefügt hatten.

Unter Heinrich I. (von England R.S.) war die Macht völlig in Händen der Barone, die im Jahre 1209 dem König Johann („ohne Land" R.S.) sogar die Charta der Rechte (Magna Charta R.S.) abtrotzten.

Unter Heinrich III. wurden 24 Kommissare ernannt, die die Regierungsform zu ihren Gunsten umschmolzen. Unter anderem legten sie fest, daß die königlichen Richter nur noch alle 7 Jahre ihre Justizreise durch das Königreich durchzuführen hätten. Sie betrachteten sich insoweit als staatliche Schiedsrichter, daß das Volk einen Treueschwur auf sie abzulegen hatte.

Heinrich III. förderte das Volk ganz besonders, um den Adel niederzuhalten. Des Bürgers guter Wille und sein Interesse am Staat sollte erhöht werden und nicht zuletzt auch die Erhebung der Steuern. Er erließ deshalb die Anordnung, nicht nur jede Grafschaft habe zwei Edelleute zu entsenden, sondern auch jede Ortschaft zwei bürgerliche Abgeordnete, die mit allen Vollmachten ausgestattet sein sollten. Eine Beeinflussung der Volksmeinung zu seinen Gunsten war die Folge. Adel und Bürgerliche tagten in verschiedenen Räumen, da ersterer es für unter seiner Würde hielt, sich mit jenen zusammenzusetzen. Dies war der Beginn von Oberhaus und Unterhaus. Heinrich VII. verfolgte dasselbe Ziel indem er Ackerbau, Handel und Schiffahrt förderte und im übrigen die Vorrechte der Landgemeinden weiter ausbaute. Er festigte damit in solcher Weise die königliche Autorität, daß er einer der absolutesten Herrscher Europas wurde.

Die Macht der Könige von Aragon war zunächst begrenzt und zwar durch einen regelrechten Schwur auf die Verfassung, den der Adel dem König abverlangte. Außerdem gab es noch ein oberstes Schiedsgericht, ähnlich dem der Ephoren in Sparta, dem auch der König unterworfen war und das mit einer Art Zensur außerordentlich weitgehende Befugnisse hatte. So besaß es zum Beispiel das Recht, königliche Erlasse auf deren Gesetzmäßigkeit zu überprüfen und hohe Beamte abzusetzen, die sich als verdächtig oder unfähig erwiesen hatten.

Nach so viel weisen und autoritätseinschränkenden Maßnahmen ist es eigentlich erstaunlich, wie es dann doch noch zum Absolutismus kommen konnte. Es brauchte die Beharrlichkeit und Geschicklichkeit Ferdinands (II. von Aragon R.S.), der schon durch seine Heirat mit Isabella von Castilien seinen Machtbereich ausgedehnt hatte, um dies zu erreichen. So entzog er dem Adel Titel und Würden und traf Entscheidungen ohne ihn. Neue, ihm ergebene Leute wurden bei Hof eingeführt und die Etikette verstärkt. Und vor allem: er verleibte der Krone einen nach dem anderen der durch die

Kreuzzüge schwerreich gewordenen Orden ein, zum Beispiel Calatrava und Alcantara, was auch von den Päpsten Innozenz VIII. und Alexander VI. bestätigt wurde.
Gegen die häufigen Feldzüge der Mauren wurden die Städte mit neuen Privilegien ausgestattet, dafür hatten sie Truppen zu stellen. Das Banditentum war zu dieser Zeit so stark geworden, daß die Städte untereinander kaum noch Handel treiben konnten. Als heilige Bruderschaft vereinigten sich deshalb die Städte von Aragonien und Castilien und stellten auch hierfür eigene Truppen auf, mit denen sich der König wiederum gegen den Adel zusammentat.
Nun, das Kommando über ansehnliche Armeen, der Ruhm, das Königreich Granada erobert zu haben, was die Maurenherrschaft beendete, die Geschicklichkeit seiner Minister und seine eigene Zähigkeit, all dies vermehrte die königliche Autorität beträchtlich. Die Spanier hingen jedoch so sehr an der Freiheit und der Adel an der Unabhängigkeit, daß es erst einem späteren vorbehalten blieb, dies Werk zu vollenden: Karl V.
So zeigt sich, daß man mit Hilfe des gutgläubigen Volkes sehr wohl die Widerstände des Adels .bezwingen kann. Der König selbst etablierte sich so fest, daß er ihr, wenn eine der beiden Gruppen das Joch abschütteln wolte, jederzeit die andere entgegensetzen konnte.

Das Volk soll die Lust an der Freiheit verlieren

Dies wird erreicht, indem man einige Unordnung schafft. Bestochene Leute werden als Zwischenrufer in Volksversammlungen eingeschleust. Unsinnige Reden werden geschwungen und gute Patrioten verleumdet. Es ist für die Fürsten nichts Außergewöhnliches, die Wahl von Volksvertretungen zu stören, indem Radaumacher bestochen werden, die dann auch noch Polizisten beleidigen, die dem Gesetz Geltung verschaffen wollen. Der niedrigste Pöbel wird da mobilisiert, und das alles hat einen Zweck: Vernünftige Leute sollen abgestoßen werden, in dieser Unordnung und teilweisen Anarchie zu leben. Sie sollen die absolute Macht eines einzelnen herbeisehnen, der seine eigenen Truppen in Marsch setzt und für Ordnung sorgt.

Wenn der Staat in Aufruhr ist, dann beruft der Fürst den Nationalrat ein. Durch Ränke und Schliche hindert er ihn jedoch an der Beschlußfassung, oder er annulliert die Resolutionen. Er geht noch weiter. Er unterschiebt einigen Mitgliedern Unregelmäßigkeiten, bringt sie so zum Schweigen und belohnt diejenigen, die sich zu seinen Gunsten verhalten.

Die Dezemvirn waren zuerst für ein Jahr gewählt, dann für ein weiteres. Sie versuchten, die Wahlperiode auf Dauer auszudehnen. Wenn aber das Volk nicht regelmäßig Versammlungen abhält und selbst darüber bestimmt, reißt der Fürst die Macht an sich.

Und ein weiteres: Der Fürst läßt bewußt verschiedene Parteien entstehen, die er dergestalt gegeneinander ausspielt, daß die Bürger schließlich froh sind, wenn er das Amt des weisen Schiedsrichters unter Erhöhung seiner Autorität übernimmt. Zugleich behindert er die Volksversammlung in ihren Entschlüssen, um dann umso besser unter dem Vorwand, Ruhe und Ordnung herstellen zu müssen, auftreten zu können. Es wird also an sich berechtigte Unruhe und Kritik des Volkes in ihr Gegenteil verkehrt. Das Volk, so heißt es, sei nur ein Spielball von Intriganten. Man sieht: Nach langen Auseinandersetzungen hat der Bürger oftmals von Unordnung und Erschütterungen genug und strebt danach, sich lieber in der Knechtschaft auszuruhen. Das Volk, das also scheinbar selbst nicht zurechtkommen kann, schafft sich mit dieser Gleichgültigkeit selbst den absoluten Herrscher. Das hat man in Dänemark gesehen, nachdem viele Versuche vergeblich geblieben sind, die Regierung an Demokratie zu erinnern.

Die ersten Stellen im Staat werden mit bestochenen Leuten besetzt

Verfügt das Volk über die Verteilung der Ämter, so wird man zugestehen können, daß auch in diesem Fall bei deren Erlangung nicht nur eitel Wonne und Redlichkeit herrscht. Immerhin wird man unterstellen können, daß sie kaum ohne Berücksichtigung wirklicher Verdienste verteilt werden. Verfügt aber der Fürst darüber, so erhält man sie nur auf unwürdigem Wege. Die Schmeichelei, die Selbstaufgabe, ja die Infamie, sind hier notwendige Künste, um dorthin zu gelangen. Die Fürsten können die Freiheit nicht alleine über den Haufen werfen. Sie brauchen Ratgeber, Helfershelfer, Instrumente der Tyrannei: Schon deshalb vertrauen sie die Ausführung ihrer Projekte nur listigen Gaunern an und holen sich ehrlose, unredliche und sittenlose Schurken.
Um ihre Ziele besser verfolgen zu können, wollen sie ohnehin nur ganz wenige in ihrem Cabinet. Heinrich VII. (von England R.S.) verließ sich in seiner Raubgier auf zwei Minister, Empson und Dudley, zwei aalglatte Verbrecher, in der Schikane und der Rechtsverdrehung gleichermaßen erfahren, dabei Verfolger der Unschuldigen und Plünderer des wehrlosen Volkes.
Ludwig XI. vergab die ersten Staatsstellen grundsätzlich nur an nichtsnutzige Strohmänner. Für seine wichtigen Unternehmungen hatte er Männer, die wenig hervortraten, aber

zur letzten Schandtat bereit waren.
Karl II. (v. England R.S.) hatte bezeichnenderweise für seinen Privatrat den Namen Cabale. In diesen nahm er nur eine kleine Zahl Männer auf, die übel beleumundet, zu allem entschlossen und durch ihre Laster bekannt und verschrien waren.
Sieht man die Verbrechen, denen sich die Minister der machtgierigen Fürsten schuldig gemacht haben, was soll man dann erst von diesen selbst halten?!

Die schuldigen Drahtzieher der Macht werden dem Schwert der Gerechtigkeit entzogen

Die königliche Gunst reicht also ohne weiteres aus, um eifrige Minister zu machen. Aber: Sie unternehmen nur so viel, wie sie sich durch garantierte Straflosigkeit absichern lassen können. Folglich werden diese Beamten von den Fürsten geschützt und der Gerechtigkeit entzogen. Sie erhalten einen Freibrief für alle begangenen und noch zu begehenden Schandtaten.
Als Heinrich VIII. den Kardinal Wolsey ins Ministerium berief, erteilte er ihm mit folgenden Worten einen Generalpardon:
Der König erteilt aus eigenem Ermessen und durch besondere Gnade an Wolsey einen Pardon für jeglichen Verrat, jeglichen Mord und für sonstige Verbrechen, die dieser begangen hat, oder noch begehen wird (Macaulays: History of England).
Jakob I. erteilte einen ähnlichen dem Grafen Somerset und Karl II. dem Grafen Damby. Was unternahm nicht alles Karl I. (II. R.S.), um seinen Minister Strafford der Gerechtigkeit zu entziehen!

Zuerst weigerte er sich, das Todesurteil zu unterzeichnen. Dann verlegte er sich auf unterwürfiges Bitten und Flehen um Gnade. Dann verlangte er, die Strafe in lebenslängliches Gefängnis zu verwandeln. Dann forderte er einen Aufschub und als er schließlich der harten Notwendigkeit nachgeben mußte, so tat er es nur unter Zaudern und Zagen. Und Ludwig XV., hat er nicht den Herzog d'Aiguillon der Justiz entrissen, als er angeklagt war, dem Patrioten La Chalotais nach dem Leben getrachtet zu haben?

Der Justizapparat wird mit bestochenen Richtern durchsetzt

Die Freiheit der Völker basiert ausschließlich auf den Gesetzen. Da aber Gesetze nur durch den Mund der Richter sprechen, genügt es, diejenigen zu bestechen, durch deren Wirken sie erst Gestalt annehmen. Bemühungen in dieser Richtung gehören zur königlichen Tradition.
Karl I. ging noch einen Schritt weiter: Er beauftragte den Erzbischof von Canterbury und die anderen Mitglieder seines privaten Rates, auf die Justiz Einfluß zu nehmen. Alle Beanstandungen sollten ihnen zur Kenntnis gebracht werden. Sie waren dazu authorisiert, sowohl Richter wie Parteien zu sich zu zitieren, die Sache zu begutachten und dem König Bericht zu erstatten, der dann nach seinem Belieben entschied. Nach der Auflösung des Parlaments 1634 entließ der König eine große Zahl seiner höchsten Beamten, um an ihre Stelle die ihm gewogenen Tories zu setzen.
Diese Praktiken wurden vom Sohn und auch vom Enkel des Königs weitergeführt. Unter Jakob II. wurden sogar handfeste Beweise ans Tageslicht gefördert: Das Parlament hatte

eine Untersuchung darüber eingeleitet, was eigentlich mit den Staatsgefangenen passiert war. Es stellte sich heraus, daß das Finanzministerium von 1679 bis 1688 1.100.000 Pfund Sterling bezahlt hatte, die an Advokaten, Zeugen, Geschworene und andere Personen ausgegeben worden waren, die an den Prozessen derjenigen Unglücklichen teilgenommen hatten, die auf Befehl des Königs wegen angeblicher Verbrechen des Hochverrats angeklagt worden waren *(Rapin, Geschichte Englands).*

Entwaffnung der Untertanen

Für einen absoluten Herrscher muß zur List unabdingbar auch die Macht der Gewalt kommen. *Richelieu schreibt in seinem politischen Testament: Die Macht ist eine der wichtigsten Grundlagen der Größe eines Königs. Wer die Staatsführung innehat ist verpflichtet, nichts auszulassen, was seine Macht und sein Ansehen vor aller Welt vergrößern kann. Es ist sicher, daß unter allen Prinzipien das der Furcht und Ehrerbietung von besonderer Bedeutung ist, um jeden Untertanen an seine Pflichten zu binden. Der König muß mächtig bis zur Furchterregung sein. Dafür braucht er eine schlagkräftige Armee und — Geld in der Kasse.*

In einem freien Land greifen die Fürsten den Feind an, machen Eroberungen oder verteidigen den Staat, und zwar mit ihren eigenen Landeskindern, die als Bürger oder Freiwillige dienen. An der Spitze eigener Landsleute zu stehen, bringt aber doch gewisse Verpflichtungen. Zum Beispiel erscheint es wenig tunlich, mit dieser Streitmacht gegen das eigene Land zu marschieren. Will man ohne die geringste Rücksicht nach außen und auch nach innen losschlagen, so braucht man – Söldner.

Karl VII. (v. Frankreich R.S.) beeilte sich, diese Gedankengänge zu realisieren. Unter dem Vorwand, das Königreich in Verteidigungsbereitschaft gegen Angriffe und Invasionen versetzen zu müssen, stellte er ein Korps von 9000 Reitern und 16 000 Infanteristen in seine Dienste. Die dafür ernannten Kommandeure wurden auf verschiedene Provinzen verteilt *(Véli-Villaret, Geschichte Frankreichs, Bd. 15)*. An die Stelle freier Männer, die unter den Vasallen der Krone gedient hatten, und ihrem Anführer mehr zugetan waren als ihrem König, waren nun Truppen getreten, die nur einen Gebieter, den König, anerkannten und nur von ihm ihr Glück erwarteten.
Von Ximenes, dem Regenten von Kastilien, habe ich schon berichtet. Er hielt die Städte seines Regierungsbereiches dazu an, eine gewisse Anzahl der Bürger als Soldaten zu stellen, und gewährte dafür Steuerfreiheit. Seine Unternehmungen blieben dem Adel nicht verborgen, und er begann zu revoltieren. Vor Ausbruch von Feindseligkeiten schickte man jedoch Abgesandte zu Ximenes um festzustellen, aufgrund welcher Vollmacht er eigentlich seine Pläne durchführte. Der Kardinal zeigte ihnen Ferdinands Testament. Dann führte er sie auf den Balkon, von wo aus sie eine große Menge Truppen und Artillerie überblicken konnten: Das ist die Macht, mit der ich Kastilien regiere *(Ferrières, Spanische Geschichte, Bd. 8)*.
Auch Heinrich V. (v. England R.S.) ersetzte die schlecht disziplinierten und unzuverlässigen Truppen der Barone durch Söldner. Jakob II. beantragte im Parlament Gelder für solche Truppen. Aber erst unter dem Hause Brunswick kam es zu großen Truppenkontingenten dieser Art.
Überall haben die Fürsten dieselbe Absicht verfolgt, und sie haben ihre Pläne mit solcher Verbissenheit verwirklicht, daß

es heute nirgends mehr Bürgersoldaten gibt, mit Ausnahme der Schweiz und der Vereinigten Staaten von Amerika. So weit man blickt: Söldner, die von der Tyrannei gegen die Freiheit unter Waffen gestellt worden sind. *Man möge nicht vergessen, daß ich dieses Werk lange vor der Französischen Revolution geschrieben habe.*

Söldner bildeten also überall die Substanz der Armeen. Aber der Fürst wollte noch mehr: Männer ohne jegliche Bindung und ohne die geringste Hemmung, die genau so gegen die eigenen Landsleute wie gegen den Feind marschierten; und die gesellschaftliche Entwicklung lieferte ihm dazu die Möglichkeit:

Durch das Heraufkommen von Industrie und Handel war zwar Wohlstand, aber mit völlig ungleicher Verteilung im Land entstanden. Die einen stopften sich mit den Reichtümern voll, die anderen vegetierten im Elend. Und genau aus diesem unerschöpflichen Reservoir von Menschen, die ohne Licht und Hoffnung sich ihrer Armut schämten, schöpfte der Fürst seine Armee. Aber diese Söldner waren noch nicht blind genug der Tyrannei ergeben. Zur Unterdrückung der eigenen Untertanen wurden Fremde angeworben.

Ludwig XI. fügte den Truppen seines Vaters sogleich ein Corps von 6000 Schweizern hinzu, Ludwig XII. noch Deutsche. Heute gibt es in Frankreich im Dienste des Königs: Schotten, Irländer, Corsen, Schweizer, Italiener und Deutsche.

In Spanien wurden als Fremdtruppen Italiener und Schweizer, in Preußen Franzosen und Polen, in England Schotten aufgestellt.

Die Mehrzahl der Herrscher hat ihre Politik sogar so weit getrieben, ihre Untertanen zu entwaffnen, aus Furcht, sie könnten sich mit Waffengewalt verteidigen, wenn sie unter-

drückt werden.
Angeblich, um die öffentliche Sicherheit zu gewährleisten, verbot die Regentin von Spanien 1669 den Einwohnern von Madrid, von denen sie gehaßt wurde, Feuerwaffen zu tragen, oder auch nur in ihren Häusern zu haben. Jede Übertretung dieses Befehls war mit dem Tode bedroht *(Desormaux, Geschichte Spaniens)*.
Venedig gibt seinen Einwohnern überhaupt keine Waffen in die Hand. Selbst bei der Liga von Cambrai, als die Republik sich in desolatem Zustand befand, nahm man lieber zu fremden Truppen Zuflucht, als die eigenen Bürger zu bewaffnen.

In Frankreich wurden dem Bauern sämtliche Waffen weggenommen, um die Wilddieberei zu unterdrücken. Nur Edelleute und Offiziere der Krone dürfen Waffen tragen. Überall dasselbe Bild: Der Fürst entwaffnet seine Untertanen, um sie leichter in Eisen legen zu können.
Es genügt nun nicht, eine zahlreiche Soldateska aufzustellen, man muß sie auch unterhalten. Es liegt auf der Hand, daß der Fürst erst recht zu illegalen Mitteln greifen muß, um die Gelder für die fremden Truppen aufzubringen. Um die Völker in Respekt zu halten, nimmt ihnen die Regierung die Freiheit und ihre schönsten Rechte weg und zwingt sie, auch noch selbst in diejenigen Hände zu bezahlen, von denen sie angekettet werden.

Eingriff in die Gesetze und Urteile gegen die Freiheit

Indessen greift der Fürst immer weiter in fremde Rechte ein. Hat er seine Autorität erst einmal gefestigt, dann gibt er sich nicht mehr ganz so zurückhaltend. Er verläßt sich geschickt kalkulierend darauf, daß das Unrecht, das einem Einzelnen zugefügt wird, selten die ganze Nation interessiert. Empören sich die davon Betroffenen? Sie sind meist zu schwach, um gegen die Regierung zu kämpfen und haben auch oft nicht die Mittel, um einen dazu notwendigen Prozeß führen zu können; so müssen sie seine Ausschreitungen hinnehmen. *Niederträchtige Helfershelfer des Ministeriums haben damals gegen die Bill of Rights protestiert. Welch verbrecherische Dreistigkeit inmitten einer freien Nation! Sie haben sogar die Schamlosigkeit so weit getrieben, diesen Akt der Menschenrechte infrage zu stellen unter Hinweis auf den niedrigen Rang ihrer Mitglieder. Aus welchen Kreisen und Schichten diese freiheitlich Denkenden auch immer gekommen sein mögen, ihr Unternehmen ist höchsten Lobes wert; es ist großartig, heroisch. Möge doch der Rest der Nation ihrem Beispiel folgen! Warum bildet sich nicht eine Basis, um gegen ministerielle Erlasse vorgehen zu können, wenn diese die Rechte hilfloser Bürger mit Füßen treten? Anstatt demjenigen, der für das Gemeinwohl Schaden erleidet, zuhilfe zu kommen, wird der Unglückliche im Stich gelassen und seinem ungewissen Schicksal überantwortet.*

Will die Nation ihre Freiheit erhalten, so muß sie die Sache eines jeden Unterdrückten zu ihrer eigenen machen. Isolieren sich die einzelnen in Gleichgültigkeit, dann steht die Sklaverei vor der Tür!

Aber – die Fürsten sind feige: Haben sie es mit kampfbereiten Männern zu tun, so versuchen sie zuerst, deren Partei zu gewinnen. Gelingt das nicht, dann kommt zunächst kein Krieg, sondern – Papierkrieg.

Formalitäten, Kosten, Zahlungen, Verschleppungen, Wartezeiten, Verzögerungen, Ausflüchte – ein Riesenarsenal ist aufgeboten, um mit Hilfe von Schikanen alle freiheitlichen Unternehmungen zum Scheitern zu bringen und – wenn möglich – gar nicht erst vor Gericht erscheinen zu lassen. Wenn dies alles nichts nützt, die herschende Gewalt hat noch andere Hilfsmittel: Interessen, Angst, Hoffnung, Eitelkeit, Vorurteile, Verführung, Verleumdung: All dies kann der Fürst zu seinen Gunsten ausnutzen, sind doch die Gerichte fast durchweg aus seinen Kreaturen zusammengesetzt. *Etwas ganz Besonderes leistete sich die englische Justiz im Fall Wilkes, der gegen Staatssekretäre geklagt hatte: Am Tag der Gerichtsverhandlung schickte man den Geschworenen gefälschte Urkunden, die besagten, der Fall sei vertagt. In aler Eile und Heimlichkeit trommelte man inzwischen andere Geschworene zusammen, die zugunsten der Krone stimmten. History of the late Minority). Im Fall Titus Oates, der von Jakob II. verfolgt wurde, sprachen ihn die Richter an einem Tag frei und verurteilten ihn am nächsten Tag für dasselbe Delikt.*

Was nutzt nun den kleinen, aber unerschrockenen Klägern, daß sie die Gesetze auf ihrer Seite haben? Zumeist wagt ihr Anwalt aus Respekt und Furcht noch nicht einmal mit Wucht ihre Sache zu vertreten, während sich der Gegner unter königlicher Gunst ausbreitet und das Recht verdreht. Er stellt der Vernunft Spitzfindigkeiten gegenüber, der Gerechtigkeit die Gewandtheit und der Wahrheit die Lüge. Er verwandelt Fragen, die nichts als gesunden Menschenverstand erfordern, in Thesen der Jurisprudenz. Der Gegner bemüht sich, die Richter zu verblüffen und die Tyrannei zu rechtfertigen, indem er ihnen die Ohren vollschwätzt. *Wer es unter den Königen des Hauses Stuart wagte, gegen die Krone aufzutreten und die Rechte des Volkes zu verteidigen, hatte stets das Schwert der Rache über sich, während die Vertreter des Königs in ihrer Straflosigkeit mit Verwegenheit die widerwärtigsten Fälschungen hervorbrachten.*

Die Richter werden also hinters Licht gefüht oder bestochen, und fast immer verläßt der Unterdrückte den Gerichtssaal ohne Recht bekommen zu haben, ja, manchmal ohne angehört worden zu sein.
In dieser Weise zermalmen die Herrschernaturen diejenigen, die es wagen, ihnen die Stirn zu bieten. Sie verweisen dabei auf die Maxime: Der König kann nichts Schlechtes tun und und für Auswüchse der Autorität und Tyrannei muß die These vom König, der sein Volk liebt, herhalten.

Damit ist das Elend aber noch nicht zu Ende, sondern tausend neue Mißhelligkeiten resultieren aus dem einen. Wenn neue Unterdrückte gegen die Gewalt protestieren, so sagt man ihnen ironisch: Was wollt ihr, das war noch nie anders, das gehört zu überkommenen Rechten. Als ob die Unterdrückung damit legitim würde, daß sie schon früher stattgefunden hat.
Um die illegalen Einkerkerungsurteile Karls I. zu rechtfertigen, machte der Generalstaatsanwalt geltend, daß sie schon unter Königin Elisabeth verordnet worden seien (Parlament History Bd. 8., S. 47).
Von nun an wird um Urteile gefeilscht, und die Gesetze fallen mehr und mehr der Verachtung anheim, denn die Kreaturen des Fürsten fürchten sie nicht, und die Bürger mögen sie wegen all dieser Mißbräuche nicht mehr respektieren.

Blinde Vertrauensseligkeit des Volkes

Der Bürger sieht das Übel, das man für ihn vorbereitet, niemals voraus. Und wenn man ihm hundertmal seine Rechte schmälert und die Fundamente seiner Freiheit untergräbt, er bemerkt sein Unglück erst, wenn er es fühlt, wenn seine Ohren widerklingen von den Namen der Verurteilten, wenn er das Blut der Einwohner fließen sieht. Dann ächzt er unter dem Joch und wartet schreckgelähmt auf das Schicksal, das ihm bevorsteht.

Um die Freiheit zu erhalten, müssen diejenigen, die regieren, aufs Schärfste und ununterbrochen im Auge behalten werden, denn nichts ist einfacher, als den zu vernichten, der ohne Argwohn ist.

Da die Mehrheit des Volkes, die mit ihren eigenen Angelegenheiten beschäftigt ist, diese scharfe Kontrollfunktion über das Kabinett und die öffentlichen Unternehmungen nicht ausreichend wahrnehmen kann, ist es von größter Wichtigkeit, daß es im Staat Männer gibt, die freiheitsfeindliche Regierungsprojekte entschleiern, die Alarm schlagen beim Heraufziehen des Gewitters, die die Nation aus ihrer Lethargie wachrütteln und ihr den Abgrund offenlegen, der sich vor ihren Schritten auftut und die mit Eifer darauf bedacht sind, auf diejenigen hinzuweisen, auf die die öffentliche Empörung fallen muß.

Das größte Unglück, das einem freien Staat mit einem autoritären Fürsten passieren kann, ist, daß es weder öffentliche Diskussionen, noch Kundgebungen, noch Zusammenrottungen gibt.

Alles ist verloren, wenn das Volk gleichgültig wird, wenn seine Geschäfte ihm wichtiger sind als die Flamme des Aufruhrs, aus der die Freiheit strahlend hervorgeht.

Bei dieser Überwachungsfunktion ist allerdings eine Einschränkung zu machen: Das Volk soll nicht ohne Grund und leichtfertig in Erregung versetzt werden. Fühlt es sich nämlich durch blinden Alarm getäuscht, so wird es dann nicht mehr reagieren, wenn wirklich die Freiheit in Gefahr ist. Vorgetragene Beschwerden müssen also immerhin so viel Wahrscheinlichkeit haben, daß sie über Zweifel einigermaßen erhaben sind.

Leichtfertige Denunzierung

In einem geordneten Staat muß die Pressefreiheit für Schriftsteller und Zeitungsschreiber, die die Politiker überwachen, unbegrenzt sein. Die Verschwörungen gegen Freiheit und Volk werden nämlich stets im Finsteren ausgeheckt, die Fürsten lassen keine Zeugen in ihre geheimen Zusammenkünfte zu und verhandeln keineswegs vor Notaren mit ihren geheimen Agenten. Sie geben auch sehr selten schriftliche Anweisungen an die Halunken, die sie mit der Ausführung ihrer Attentate betrauen. Aus diesen Gründen muß es erlaubt sein, hier besondere Wachsamkeit zu üben und bei Verdacht energische Hinweise zu geben.

In den Staaten, in denen die Verfassung liederlich genug ist, um den finsteren Machenschaften des Fürsten freien Lauf zu lassen, müssen sich die im politischen Bereich tätigen Zeitungsschreiber allerdings in Acht nehmen. Gehen sie nämlich auf die Regierung los, so verwandeln sie sich gewissermaßen in öffentliche Ankläger und müssen Beweise liefern. Eine einzige unbedachte Unternehmung von ihrer Seite kann auch der besten Sache Schaden zufügen. Der Fürst nämlich, der zuerst vor dem Gedanken zitterte, seine Machenschaften enthüllt zu sehen, würde in dem Moment triumphieren, indem diese seine Gegner die Besonnenheit außer Acht lassen. Er würde zurückschlagen und sie vor Gericht zitieren.

So können also die Verteidiger des Volkes, die durch geschicktes Verhalten an ihr Ziel gekommen sind, durch einen unbesonnenen Schritt die ganzen Früchte ihrer Bemühungen verlieren. Den Beweis dieser Tatsache haben die Engländer vor Augen: So lange der Autor von North Briton sich darauf beschränkte, die illegalen Schritte der Regierung zu brandmarken und ihre heimlichen Pläne zu verfolgen, da zitterten die Minister vor der Peitsche dieser Zensur. Als er sich aber zu nicht begründeten Ausfällen gegen die Prinzessin hinreißen ließ, da waren dies keine gezielten Schläge mehr gegen die Feinde der Freiheit, vielmehr lieferte er diesen damit die Waffen an die Hand, um ihn selbst zu vernichten.

Satirische Schriften

Die Art und Weise, wie man das öffentliche Wohl diskutiert, hängt mit dem Triumph der Freiheit aufs Engste zusammen. Wenn man also gegen die Unterdrückung opponiert, so ist es wichtig, daß dies stets mit ernstem, engagiertem, ja pathetischem Ton geschieht; auf keinen Fall scherzhaft und leichtfertig. Die eigentliche Satire kann auf den Tyrannen angewendet werden, nicht aber auf die Tyrannei selbst.
Die satirischen Schriften bringen im Grunde nur eine Verhärtung der Knechtschaft und ich erkläre weshalb: Vernünftige Leute glauben immer, diese seien übertrieben und verlieren deshalb das wahre Ausmaß des Unrechts aus den Augen. Außerdem rufen sie Schadenfreude hervor, was immer von wahrer freiheitlicher Regung ablenkt. Noch schlimmer: Das Volk beginnt über seine eigenen Leiden zu lachen, und dies vermindert sein Ressentiment gegen die Urheber des Elends.
Dafür haben wir tausend Mal den Beweis geliefert. Als wir unter der Unterdrückung Richelieus und Mazarins schmachteten, was taten wir? _ Wir veröffentlichten Bände mit Epigrammen und Singspielen gegen diese unwürdigen Minister _ und dabei blieb es. Einst trösteten wir uns mit Liedern und Gedichten über alles hinweg. Dank neuerer philosophischer Einsichten hat sich unser Charakter allerdings etwas geändert, und das ist gut so.

Die Grenzen des Anstandes zu verlassen, schadet der Sache der Freiheit ebenfalls. Plumpe Ausfälle verstimmen die Gemäßigten und empören die anständigen Leute. Kühlere Patrioten, die vielleicht nützlich, der Sache der Freiheit aber nur mit halbem Herzen verschrieben sind, werden davon abgestoßen.
Bleibt noch hinzuzufügen, daß diese zynischen Schreiber der Sache der Tyrannei dienen. Man kann sie zwar nicht wegen Käuflichkeit anklagen, aber es bleibt ein Verdacht, daß sie vom Fürsten für ihr Tun bezahlt werden.

Das Überangebot

In einem Staat, der eifersüchtig über seine Freiheit wacht, ist es wichtig, ich hab's schon gesagt, daß es klarsichtige Leute gibt, die unermüdlich auf die Gesetze hinweisen, wenn der Fürst sie vergewaltigen will. Man braucht Leute, die das Volk aus seiner Apathie reißen, die es in schwierigen Zeiten belehren und aufklären. Da aber der menschliche Geist allzu gern der Gewohnheit anheimfällt, führen selbst die besten Schriften zu einer Übersättigung, wenn sie in zu großer Zahl und rascher Folge den Leser ermüden. Dies ist zum Beispiel bei den Engländern in den Auseinandersetzungen um Wilkes passiert. Sie wurden mit einer derartigen Menge Pamphlete und Meinungsäußerungen überhäuft, daß sie völlig apathisch wurden und nichts mehr ihre Aufmerksamkeit erregen konnte.

Voreilige Mäßigung des Volkes

Ich habe schon irgendwo gesagt, daß man nicht früh genug damit beginnen kann, auch die kleinsten Anfänge rechteschmälernder Neuerungen zu bekämpfen – wenn nötig mit Gewalt – sofern man die Knechtschaft vermeiden will. Läßt man die Mißbräuche erst einmal sich einbürgern, dann ist es sehr schwer, ihrer wieder Herr zu werden, und oft ist es sogar zu spät.
Da werden die Rechte anderer vielfach straflos geschmälert. Aber erst wenn die eigenen oft und oft verletzt worden sind, rafft sich der einzelne auf, sie zu verteidigen. Man sollte es nicht glauben, wie sehr die Regierung aus diesem Mangel an Kühnheit Nutzen zieht und wie ungeheuer wichtig es für die Sache der Freiheit ist, nicht so geduldig und gleichgültig zu sein.
Soll die Freiheit erhalten bleiben, so ist von großer Wichtigkeit, daß das Volk stets und immer bereit ist, die Sache der Unterdrückten zu seiner eigenen zu machen; und dies gegen den Fürsten. Wenn die Bürger ihre Interessen zersplittern und sich isolieren, dann wird jeder einzeln unterdrückt, und um die Freiheit ist es geschehen.
Als Karl I. zum ersten Mal in schamloser Weise in die Geldbörse seiner Untertanen griff oder unter Unschuldigen ein Blutbad anrichtete, warum hat da das Volk nicht zu den Waffen gegriffen? Es hätte dem Tyrannen geradewegs entgegenmaschieren müssen und auf einem Schaffot vor seinen Augen die Handlanger seiner Grausamkeiten hinrichten sollen. Es hätte dann nicht so viele Jahre unter der scheußlichsten Unterdrückung zu stöhnen gehabt.
Ich sage nicht, daß man alle Augenblicke zu Gewalt Zuflucht nehmen soll. Aber unter der bequemen Ausrede, die öffent-

liche Ruhe nicht gefährden zu wollen, merken diese ruhigen Bürger nicht, daß sie mit dieser Laschheit nicht nur nichts gewinnen, sondern immer unverschämter von der Tyrannei unterdrückt werden.
Wie machtgierig auch die Fürsten sein mögen, sie wären viel weniger unternehmend, wenn sie ihren Weg zum Absolutismus immer durch Gewalt und Opfer erkämpfen müßten. In den Annalen des Despotismus kann man feststellen, daß es hin und wieder eine erstaunliche Handvoll Männer gibt, die eine ganze Nation erzittern lassen.
Dies war auf Seiten der Tyrannei die Inquisition und auf Seiten der Unterdrückten der Rat von York.
Jene egoistische Neigung aber, sich zu isolieren, wirkt sich fatal aus. Diese wohlhabenden Bürger, die kein Herz für die unglücklichen Opfer der Tyrannei haben und immer bereit sind, dem Joch voranzugehen, sie kommen zurecht, unter welcher Regierung auch immer sie sich befinden. Selbst wenn sie nicht unempfindlich gegen öffentliches Unrecht sind – Bedachtsamkeit hält sie zurück. Sie zittern davor, ihren Wohlstand für die öffentliche Sache aufs Spiel zu setzen. Die meisten begnügen sich damit, auf bessere Zeit zu hoffen. Findet sich aber irgend ein beherzter, wahrer Patriot, der zornbebend auf die am Boden liegenden Menschenrechte hinweist, dann riskiert er, sich zu kompromittieren, wenn die Menge sich ihm nicht anschließt und ihn dadurch schützt.

Unterdrückung öffentlicher Beschwerden

Werden dem Fürsten die Beschwerdeführer zu aufsässig, so läßt er sich als Gegengewicht Ergebenheitsadressen von anderen Teilen des Volkes zugehen. Er rühmt die Weisheit seiner Regierung und tut die unzufriedene Bevölkerung mit

einem Streich als eine Handvoll Bösartiger ab. Und um der Sache mehr Gewicht zu verleihen, empfängt er die Abgesandten, die seine Führung gut heißen, mit viel Würde und Gunstbezeigungen, während er sein unverhohlenes Mißfallen den Beschwerdeführern gegenüber äußert, oder sie erst gar nicht anhört. Zeitungen und Schriften, die ihm Vorwürfe machen, läßt er unterdrücken, während die Schmähreden gegen wahre Patrioten frei kursieren können.
Fatale Kunstgriffe, von denen die englische Geschichte tausend Beispiele bietet und die bei allen Regierungen zum Allgemeingut zählen.

Womit die Öffentlichkeit beschwichtigt wird

Um sich die Freiheit zu erhalten, hat eine Nation nur ihre Wachsamkeit, Kühnheit und ihren Mut. Was aber hat der Fürst alles an Mitteln, um die Unterdrückung voranzutreiben. Er hat geradezu die Qual der Wahl.
Das Volk ist nun einmal dafür geschaffen, von Kabinetten und Ministern zum Narren gehalten zu werden. Hat es aber tatsächlich Vorwürfe und Mahnungen formuliert und vorgetragen, so antwortet der Fürst, er sei „immer bereit, Beschwerden seiner Untertanen anzuhören und ihm liege nichts mehr am Herzen als das Glück seines Volkes.“ Und mit diesen schönen Sprüchen werden sie nachhause geschickt. Und wenn es gar nicht anders geht, dann wird der gute alte Brauch geübt, alles zu versprechen und nichts zu halten. Als unter den Wirren der Fronde die öffentliche Freiheit in vielfacher Form durch Exilierung und Gefangennahme infrage gestellt worden war, erhielt das Pariser Parlament nach langen Kämpfen endlich 1648 von der Regierung ein Gesetz,

das die Freiheit der Untertanen verbürgte. Aber im Falle der Prinzen Condé und Conti wurde es bereits umgangen. *(Geschichte des Kardinals Mazarin, Bd. 3, Buch 5, Kap. 2.)*
Wenn es sich nun aber tatsächlich nicht mehr umgehen läßt, das Begehren des Volkes zu erfüllen, was geschieht? Man macht Vorschläge, von denen man genau weiß, daß sie nicht akzeptiert werden und gewinnt schon wieder Zeit. Dann kommen weniger unvernünftige Vorschläge, die aber so vage gehalten sind, daß man sich fast gar nicht festlegen braucht und die Regierung immer noch Herr der ganzen Aktion ist. Wenn aber schon Konzessionen gemacht werden müssen, so fügt man irgendwo eine winzige zweideutige Klausel ein, die bewirkt, daß alles wieder auf Null zurückfällt.

Karl I. ließ Ober- und Unterhaus wissen, daß er nicht nur seine eigene Autorität gewahrt wissen wollte, sondern auch die des Parlaments, daß er die größtmögliche Freiheit gewähren wolle, daß er nicht im entferntesten an dem Volk verhaßte Freiheitseinschränkungen denken würde, wie man ihm fälschlicherweise unterstellt habe und daß er im übrigen „höchsten Wert darauf lege, an Güte und Gnade selbst die großzügigsten Fürsten zu übertreffen.“ Das war 1647, als er von den Schotten an das Parlament ausgeliefert worden war, das er 18 Jahre zuvor aufgelöst hatte.
All diese schönen Reden, die auch ein Crassus, ein Cicero und Cäsar in Rom schon angewendet hatte, sie gleichen den Äpfeln des Hippomenes, die alle wieder eingesammelt werden. Ebenso verbargen die römischen Dliktatoren ihre grenzenlose Macht unter harmlosen Titeln, denn das Volk läßt sich von Äußerlichkeiten blenden. Cäsar vermied den Königstitel, aber als Imperator war er mächtiger als je ein König zuvor.

Ganz besonders versucht der Fürst die Volksvertreter unter seinen Einfluß zu bringen. Ja, er verleiht ihnen sogar für einen Augenblick Machtvollkommenheit. Kaum ist aber die Gefahr vorüber, so stößt er sie verächtlich beiseite, vergleichbar dem Reisenden, der einen Tuchfetzen wegwirft, nachdem er ihm bei einem Gewitter als Schutz gedient hat. Auch bittere Notwendigkeiten und falsche Armut scheuen die Fürsten sich nicht, dem Volk vorzutäuschen. Theoderich, der immense Reichtümer in den Schatzkammern seines Vaters vorgefunden hatte, ließ kostbares Geschirr einschmelzen, um den Eindruck zu erwecken, er wäre zu solch harten Sparmaßnahmen gezwungen.
Gerade auch die Vaterlandsliebe, die alle verbinden sollte, wird vom Diktator gern aufs Tablett erhoben. Jakob II. versuchte, sich mit der anglikanischen Kirche zu versöhnen, als er von den Kriegsvorbereitungen des Prinzen von Oranien erfuhr. Um gute Stimmung zu machen, gab er der Stadt London alle ihre Rechte zurück, setzte den Bischof wieder ein und machte einen beliebten Mann zum Bürgermeister. In dem Maße, wie seine Befürchtungen zunahmen, machte er schweren Herzens noch ein paar zusätzliche Schritte. Führende Posten der Regierung und Verwaltung, die bisher Katholiken innehatten, wurden nun an Protestanten gegeben. So mußte er, durch die Notwendigkeit gezwungen, einen Tempel der Freiheit erstellen und sein eigenes Werk zerstören. Aber diese Reform dauerte nur so lange, bis er sie ohne Schwierigkeit wieder umwerfen konnte. Die Flotte des Prinzen von Oranien wurde zerstreut und sogleich die meisten Konzessionen wieder rückgängig gemacht.
Dann veröffentlichte er eine ‚Proklamation zur Wahl der Parlamentsmitglieder', die er kurze Zeit später wieder verbrannte. Als er schließlich zur Flucht gezwungen war, warf er das Großsiegel in die Themse, damit in seiner Abwesen-

heit nichts Rechtsgültiges beschlossen werden konnte und verließ das Königreich. Nun setzte er den Machenschaften gegen sein Volk die Krone auf, indem er die Unterstützung fremder Mächte erbat *(Ludwig XIV. unterstützte ihn; aber das Unternehmen zur Rückgewinnung des Thrones schlug fehl. R.S.).*

Ein Beispiel besonderer Grausamkeit gab Philip IV. von Spanien. Die Katalanen hatten sich seinen Quälereien entgegengestellt. Seinen unverschämten Forderungen wagte deren Abordnung in scharfer Form zu widersprechen. Sie wurden auf der Stelle verhaftet. Auf diese Nachricht hin erhob sich Barcelona und der Rest der Provinz. Da läßt Philip die Truppen marschieren und gibt den Befehl, Häuser abzubrennen, Bäume umzuhauen, Männer über 15 Jahren umzubringen und die Frauen im Gesicht zu brandmarken. Befehle königlicher Autorität, die mit schauderhafter Grausamkeit ausgeführt wurden.

Das ist aber noch nicht genug der Kunstgriffe, um das Volk zu düpieren. Seine Anführer und Fürsprecher sollen ihm entzogen werden. Also engagiert man Verleumder, die sie anschwärzen und heruntersetzen. Man läßt durchblicken, sie würden mit der Gegenseite gemeinsame Sache machen. Als Manlius die Römer aufforderte, sich der Tyrannei des Senats zu entziehen, ließen ihn die Senatoren festnehmen. Dann ließen sie durch Gerüchte in Umlauf bringen, er sei ein Anhänger des Königtums. So machten sie aus seinen Parteigängern seine Feinde.

Noch eine Schurkerei muß ich erwähnen, die zum Rufmord der Vaterlandsverteidiger verwendet wird. Berüchtigte Schurken werden gedungen, die jeden vorliegenden Vorschlag für die Freiheit scheinbar noch übertreffen, auch wenn es ihnen gar nicht ernst damit ist. Dies läßt die Ehrlichen weniger patriotisch erscheinen.

Um die Plebejer von der Unterdrückung durch die Vornehmen zu befreien, schlägt Gracchus ein ihnen günstiges Gesetz vor. Der Senat hütet sich, dem zu widersprechen, sondern er engagiert Drusus, um diese Forderung noch zu übertrumpfen. Das Volk wird daran irre und weiß nicht mehr, an wen es sich halten soll.
Zu raffinierten Mitteln der Intrige greifen besonders gern die englischen Könige, wenn sie im Unterhaus allzuviel Widerstand finden. 1625 ernannte Karl I. Sir Edward Cook, Sir Robert Philips und Sir Francis Seymour, die die Führer der Volkspartei waren, zu Provinzgouverneuren. Er hatte damit seine wichtigsten Gegner daran gehindert, in den Debatten zugegen zu sein und konnte nunmehr beruhigt das Parlament einberufen. Wer also nicht willens ist, den königlichen Plänen zuzustimmen und zu sehr als Patriot hervortritt, der wird in die Provinz abgeschoben.
Zuweilen behaupten die Fürsten, neue Geldmittel zu benötigen, obwohl dies nicht stimmt. Dann kommen sie auf den Gedanken, ihr eigenes kostbares Geschirr einschmelzen zu lassen, damit das Volk die Erhöhung der Steuern hinnimmt. (Gemeint ist Ludwig XIV. im spanischen Erbfolgekrieg. R.S.)
Bei andrer Gelegenheit heucheln sie Schmerz und Widerwillen über die öffentliche Uneinigkeit und wollen angeblich zurücktreten. Auch darauf fällt das Volk herein. Zu den Zeiten der Wirren der Fronde wurde das Pariser Parlament um Hilfsmittel gebeten, denn die Feinde bedrohten die Grenzen. Unter diesen schwierigen Bedingungen gestand man etwas mehr Freiheit zu. Kaum hatte man jedoch die Nachricht vom Sieg von Lens, als alle Zugeständnisse über den Haufen geworfen wurden und alle, die sich für das Volk besonders eingesetzt hatten, bekamen das Ressentiment des Hofes zu spüren. Bruffel, Charton, Lainé und Cisel wurden verhaftet.

Die Fürsten beklagen sich, von ihrer Autorität Gebrauch machen zu müssen. Sobald sie sich wieder sicher fühlen, sprechen sie nur noch von Gehorsam, von Pflicht, von Unterordnung. Wenn das nicht genügt, werden Truppen in Marsch gesetzt, um Widerstände zu brechen.
Macchiavelli sagt in seinem ‚Principe', die sicherste Methode, die freien Städte zu besitzen, sei der Raub. Dieser barbarische Ratschlag wird nur allzu wörtlich von den Potentaten befolgt.
Charles I. behauptete, er habe eine tiefe Abneigung gegen jeden Bürgerkrieg und erließ sogar eine Proklamation, in der er versicherte, eine gute Regierung zu führen und im übrigen ermahnte, sich mehr auf die Gnade des Königs, als auf die Stärke der Gesetze zu verlassen.
Unerschöpflich sind die Schliche der Könige, wenn es darum geht, die Aufsicht und Kontrolle des Parlaments zu umgehen. Als unter Karl II. Graf d'Amby vor das Parlament zitiert werden sollte und der König befürchtete, daß jener, in die Enge getrieben, etwas über seine geheimen Einverständnisse und Machenschaften mit dem französischen Hof preisgeben würde, da erließ er für ihn rechtzeitig eine Amnestie, und das Problem war behoben. Oder anders herum: Dasselbe stand unter Karl I. dem Grafen Bristol wegen der verbrecherischen Verwaltung von Buckingham bevor. Ehe jedoch das Parlament zur Anklage schreiten konnte, klagte der König selbst den Grafen vor der Pairskammer an und entzog ihn damit der Gerechtigkeit.

Von der Ignoranz

Die öffentliche Meinung ist auf Unwissenheit gegründet, und dies begünstigt in höchstem Maße den Despotismus. Sie ist es, die die Völker verblendet und an der Wahrnehmung ihrer Rechte hindert. Sie ist es, die die illegalen Projekte der

Fürsten den Blicken entzieht und verhindert, Staatsstreiche rechtzeitig zu erkennen; sie ist es, die die Völker immer in dieselben Fallen hineintappen läßt; sie ist es, die sie lügenhafte Vorschriften für bare Münze nehmen läßt, ebenso wie die Willkürbefehle des Despoten. Mit einem Wort: Den scheinbar göttergleichen Tyrannen werden durch diese Unwissenheit alle Wünsche und Forderungen zum Schaden der Allgemeinheit erfüllt.

Aber nun das Wichtigste: Die Fürsten sind selbst völlig überzeugt vom Unrecht ihres Tuns und wissen, daß sie von einem über seine Rechte aufgeklärten Volk das Schlimmste zu befürchten hätten. Deshalb geben sie sich die größte Mühe, ihm jede Bildungsmöglichkeit zu entziehen. Ist es doch sehr bequem, über ein stumpfsinniges Volk zu regieren, und deshalb wird alles darangesetzt, es in diesem Zustand zu belassen.

Was bauen sie nicht alles für Widerstände vor dem lichtbringenden Fortschritt auf! Die einen verbannen die Wissenschaften aus ihrem Staat, die anderen verbieten ihren Untertanen, zu reisen. *Die Strenge, mit der die Zaren ihren Untertanen Reisen ins Ausland ohne Sondergenehmigung verbieten, hat außerordentlich dazu beigetragen, die krasse Unwissenheit aufrecht zu erhalten, die dort heute noch regiert, ebenso wie die schändliche Knechtschaft, die das Volk entehrt.*

Nun protegiert allerdings Katharina die Wissenschaften, so daß man meinen könnte, sie wolle auf den Despotismus verzichten. Ihre Art zu regieren, beweist jedoch das Gegenteil. Jawohl, sie hat Schulen eröffnet, Akademien gegründet, Gerichtshöfe eingerichtet. Aber nur aus Nachäfferei. Sie will das bei sich einrichten, was sie anderswo sieht. Sie wird also Schulen haben, wo man alles unterrichten wird – nur nicht das, was am dringendsten gebraucht wird: die Menschenrechte und die Rechte des Bürgers!

Alles scheint sich gegen die Weisen zu verschwören, die ihre Sprache und ihre Feder der Verteidigung der Freiheit gewidmet haben.
Die Verführung des Volkes von Venedig zu seichter Spielleidenschaft kann nicht genug angeprangert werden: jeden Monat ein Fest, jeden Monat eine Lotterie. Anstatt sich Gedanken über seine Rechte zu machen, weiß das Volk vor lauter Taumel nicht mehr, wo zuerst anfangen.
Wenn die Fürsten dann wirklich nicht mehr verhindern können, daß man spricht und daß man schreibt, dann versuchen sie es mit Bestechung. Ist aber der Verteidiger der Unterdrückten unbestechlich, so wird er mit käuflichen Schreibern konfrontiert, die die Unterdrückung gutheißen, die Freunde des Vaterlandes beleidigen und sie als lästige Ruhestörer abkanzeln.
Reicht auch das noch nicht, dann kommen scharfe Maßnahmen: Nachtdunkle, wassertriefende, tief unter der Erde liegende Gefängnisse, Zellen, Verließe, die Löchern gleichen und in die nie das Licht des Tages fällt, eisengeschmiedete Ketten und – Gift. Hier wird die Flamme der Freiheit, die Despotenwillkür nicht beugen und nicht dämpfen kann, zum Verlöschen gebracht.
Solche düsteren Methoden der Finsternis sind indessen nicht allen Despoten zugänglich. Man werfe zunächst einen Blick auf das gedruckte Wort, das dem Volk nur zu gerne vorenthalten wird, wenn es dem Fürsten bedenklich erscheint: Enthält ein Buch einige aufgeklärte Überlegungen über die Menschenrechte, einige freie Gedanken über die Grenzen königlicher Macht, irgendeine Ausführung über die Tyrannei, ein packendes Bild über die Lichter der Freiheit, die man doch vergessen sollte: sofort verbieten die Herren es unter dem Vorwand, es enthalte Leitsätze gegen die Religion und die guten Sitten.

Ich kann mir nichts Lächerlicheres vorstellen, als Fürsten, die sich gerade dieses Vorwandes bedienen, um die Völker zu tyrannisieren. Sie haben es gerade nötig, sich als die Hüter der Sittlichkeit aufzuspielen. Ihr Verhalten ist so erbaulich, sie sind so gewissenhaft, nur ja nicht ihre Untertanen auszurauben, deren Frauen nicht zu mißbrauchen, die Verwaltung nicht zu bestechen und keine Verbrechen zu befehlen. Ihre Gefühle sind so ehrenwert, ihre Handlungen so untadelig, ihr Leben so rein, ihre Seele so nobel und ihr Wesen so großzügig, daß man sie nur noch als einen Ausbund der Tugend bezeichnen kann.
Sie wenden sich gegen jede Schrift, die einen Hauch von Freiheit enthält; sie bezeichnen als Schmähschrift alles, was ihre Machenschaften enthüllen könnte, und sie ersticken die Freiheit, indem sie gegen die Autoren vorgehen.
1622 befahl Jakob I., daß „kein Geistlicher es wagen sollte, in seinen Predigten etwa Grenzen weltlicher Autorität anzudeuten, Vorrechte der Krone in Frage zu stellen, oder sich in innere Staatsangelegenheiten einzumischen, es sei denn, um Gehorsam zu predigen." Was die Pressefreiheit anbelangt, die er auf das Barbarischste unterdrückte, so sei nur an die furchtbare Strafe erinnert, die er gegen Richard Leigston verhängte, nur weil dieser gegen den Mißbrauch der Macht geschrieben hatte.
Kurz: In keinem Staat wird es geduldet, daß ein Buch ohne Zustimmung des Zensors gedruckt wird. Selbst wenn ein Werk im Ausland erscheint, so läßt man es durch Minister unterdrücken. Friedrich II. verbot 1773 die Herausgabe eines Buches gegen die Invasion Polens. Zur selben Zeit hat Frankreich den letzten Schlag gegen die Pressefreiheit geführt, indem jedes ausländische Druckerzeugnis in das allgemeine Verbot des Verkaufs unzensierter Bücher mit einbezogen wurde.

Einzig und allein die Engländer haben sich diese Pressefreiheit bis heute immer noch bewahrt. Und dies ist auch der Hauptgrund, weshalb der Despotismus bei ihnen weniger Fortschritte gemacht hat als anderswo. Dort darf man immerhin noch öffentlich das Verhalten der Minister und der Regierung untersuchen und sogar auf die Gauner hinweisen, auf die die öffentliche Empörung fallen muß.

Hoffentlich fühlen sie die ganze Tragweite dieser kostbaren Einrichtung. Sollte daran gerüttelt werden, ich glaube, sie würden sich nicht mit Vorwürfen begnügen, die ja doch zu nichts führen. Vielleicht würden sie ihren Abgeordneten die Bezahlung verweigern und sie mit Verachtung strafen. Im übrigen, wenn diejenigen, die die Gesetze erhalten sollen, die ersten wären, um sie zu brechen, so könnte man als guter Bürger nur noch einen Pfeiler des Freiheitstempels umklammern und sich unter seinen zusammenstürzenden Ruinen begraben lassen!

In der Türkei ist jegliche Druckerei verboten aus Furcht, mit ihrer Hilfe könnte ein Hauch von Vernunft in diesen Despotismus orientalischen Ausmaßes eingeblasen werden. *Omar zerstörte alle Bibliotheken, um das Reich der Ignoranz für immer zu erhalten und heizte damit seine Bäder.*

In den despotisch regierten Ländern ist die Presse also nur dazu da, der Macht des Fürsten zu schmeicheln. Wenn ein Volk erst einmal so weit ist, so nützt ihm Erfahrung nichts mehr. Es wird immer gläubig sein und stets mißbraucht werden. Ich wiederhole es: Es wird ständig in dieselbe Falle tappen, sofern man sich nur die Mühe macht, deren Namen zu ändern.

Man muß dies als eine Folge der Unvollkommenheit der menschlichen Natur bezeichnen, und aus dieser Erkenntnis heraus ist es zu verstehen, daß die Völker die ewige Beute der Schurken sind, die sie an ihre Spitze gestellt haben und von denen sie sich regieren lassen.

Falsche Begriffe von der Tyrannei

Wenn das Nicht-Haben eines richtigen Begriffes von der Freiheit ein Grund der Knechtschaft ist, so ist das Nicht-Haben einer wahren Idee von der Tyrannei ein weiterer. Beim Aufzählen der Ruhmestaten der Geschichte sollte man endlich damit aufhören, von den Fürsten nur die Weisheit, Gesetzestreue, den Eifer zur Staatsförderung und die Sorge für das Volkswohl aufzuzählen. Ebenso sollten die Ruhmredereien über deren friedliche Staatsführung ein Ende finden und schließlich die erwähnt werden, die ihre Schandtaten mit pomphaften Namen versehen und die Erde verwüstet haben. Unter Druck gesetzt von Furcht, Hoffnung oder Habgier, zeigen uns die Geschichtsschreiber keineswegs der Tyrannen wahres Gesicht. *Auf Befehl Jakobs I. schrieb Bacon ein Geschichtswerk, indem die Regierung Heinrich VII. mit außerordentlicher Schönfärberei dargestellt wurde. Ludwig XIV. unterstützte eine ganze Anzahl einheimischer und ausländischer Schreiber, damit sie ihn überall lobten und seine Heldentaten feierten. Vor ihm hatte schon Mazarin alle Schriftsteller, die einigen Ruf genossen, engagiert, damit sie im Sinne des Monarchen arbeiteten.*
War nicht etwa Voltaire von Ludwig XIV., Friedrich II. und von Katharina II. geschmiert?
Aber warum Einzelbeispiele? Die Fürsten hatten ja ihre eigenen Geschichtsschreiber. Wir kennen die Plattitüden von Boileau, Racine, Vély und Marmontel, und wir hätten heute noch die Schreibereien von Moreau vor Augen, wenn sie nicht die Revolution hätte unter den Tisch fallen lassen.
Ewig wird von den großen und kühnen königlichen Unternehmungen geschwärmt, wie verheered sie auch immer für die Freiheit gewesen sein mögen. Taten, die der allerhärte-

sten Strafe würdig wären, werden in den Himmel gehoben. Geht es ums Regieren, so wenden sich diese Autoren gegen die republikanische Verfassung und preisen die Monarchie. Wenn überhaupt schon von Demokratie die Rede ist, so wird sie gern mit einem führerlosen Schiff verglichen, das hilflos in den Wellen treibt und von gegensätzlichen Winden hin- und hergerissen wird. Darüber wird das Bild eines mächtigen Monarchen gestellt, der einem wachsamen und hilfreichen Familienvater mit zahlreicher Kinderschar gleiche.
Die spanischen Autoren, die die Geschichte des Bürgerkriegs unter Karl V. geschrieben haben, verdunkelten alle die Erinnerung an den großartigen Padilla. Und fast alle, die von der verdienten Züchtigung Karl I. sprachen, haben die wackeren Bürger, die ihn zum Tode verurteilten, als infame Vatermörder hingestellt.
Wird jemals die Geschichte dieser autoritären Schurken geschrieben? Wenn schon der Zwang der Wahrheit diesen Autoren eine unvorteilhafte Einschränkung aufzwingt, dann umgehen sie diese Fehler und Laster so vorsichtig, daß man in dem Portrait, das da gezeichnet wird, keineswegs mehr den Tyrannen erkennt, der die Welt erzittern ließ. Nicht die Verrücktheiten und Schurkereien der Regierenden sind ihrer Meinung nach Schuld an der unglücklichen Situation des Volkes, sondern das Verhängnis des Schicksals. *Auch die Gewalttaten des Olivares — so heißt es im Abriß der spanischen Geschichte —, die dazu führten, daß die Portugiesen ihr Joch abschüttelten, sind Fügungen der Vorschung, die diese Genies mehr oder weniger erleuchtet.*
Wenn all dies an falschen Geschichtsbildern noch nicht genügt, überall werden doch die Despoten von den Schriftstellern verhimmelt: die Autoren mit Widmungen, die Dichter mit Versen, die Redner in Ansprachen, jeder bringt seinen

Weihrauch und nennt ihn Vater seines Volkes, Wohltäter der Menschheit, die Zierde seines Jahrhunderts; und wir sind dumm genug, das hinzunehmen.

Verdrehung der Begriffe

Ich habe schon erwähnt, daß die Römer Cäsar die absolute Macht unter dem Titel Kaiser zubilligten, die sie ihm unter dem Titel König verweigert hatten. Es ist aber von großer Wichtigkeit, daß sie gar nicht erkannt hatten, was sie eigentlich taten, denn als Cäsar versuchte, sich das Diadem aufs Haupt zu setzen, hörte der Beifall sofort auf.
Nur wenige sehen die Dinge wie sie sind. Mit Beschönigung und Wortverdrehung wird bei der Allgemeinheit viel erreicht. Die scheußlichsten Dinge, mit schönen Namen verziert, werden hingenommen, und durchaus Brauchbares, das unter verhaßten Namen dargestellt wird, wird verworfen. Sogar studierte Leute haben die Schamlosigkeit, sich dazu herzugeben, für das Volk die Worte und Begriffe zu verdrehen.
Niemals bekommen die Dinge ihre richtigen Namen. Die Fürsten, ihre Minister, Agenten, Schmeichler und Diener bezeichnen als

– STAATSKUNST – diejenige, ihre Völker auszupressen, Verrücktheiten zu begehen, einen skandalösen Prunk zu entfalten und überall Schrecken zu verbreiten
– POLITIK – die schändliche Kunst, das Volk zu betrügen
– REGIERUNG – niederträchtige und tyrannische Herrschsucht
– PRIVILEGIEN DER KRONE – widerrechtlich angemaßte Souveränität, die nur dem Volke gebührt

– KÖNIGLICHE MACHT – die Alleinherrschaft
– GROSSARTIGKEIT – widerwärtige Verschwendungssucht
– UNTERWERFUNG – Knechtschaft
– PFLICHTTREUE – das sklavische Ausführen willkürlicher Befehle
– REBELLION – Treue zu den Gesetzen
– REVOLTE – Widerstand gegen Unterdrückung
– AUFRÜHRERISCHE REDEN – Verlangen nach Menschenrechten
– ZUSAMMENROTTUNG – die Vereinigung der Bürger zur Verteidigung ihrer Rechte
– MAJESTÄTSBELEIDIGUNG – Maßnahmen, um der Tyrannei zu begegnen
– STAATSAUSGABEN – die Verschwendungen des Hofes und des Kabinetts
– STEUERLICHE ABGABEN – Erpressungen
– KRIEG UND EROBERUNGEN – Raubzüge an der Spitze einer Armee
– VERHANDLUNGSGESCHICK – List, Vertrauensbruch und Verrat
– STAATSSTREICH – Ausschreitungen und Mord
– OFFIZIERE DER KRONE – ihre Schergen
– BEOBACHTER – Spione
– TREUE UNTERTANEN – Helfershelfer des Despotismus
– SICHERHEITSMASSNAHMEN – Nachforschungen nach Art der Inquisition
– BESTRAFUNG VON AUFRÜHRERN – das Hinschlachten der Freunde der Freiheit

Man könnte diese Reihe noch ins Mystische fortsetzen, nämlich:

– RELIGION – Billigung der Heuchelei
– GLAUBE – der Verzicht auf den letzten Rest von Vernunft
– FRÖMMIGKEIT – Aberglaube
– RELIGIÖSER EIFER – Fanatismus – *und schließlich*
– CHRISTLICHE DEMUT – Selbstaufgabe

Auf diese Weise und mit diesen Verdrehungen gelingt es ihnen, den nackten Terror, den die Tyrannenherrschaft hervorruft, zu verhüllen.

Im übrigen ist das AUSMASS des Verbrechens der einzige Unterschied zwischen einem Eroberer und einem Banditen. Und dennoch respektieren wir diejenigen, die an der Spitze einer Armee auf Raub ausgehen, und wir verachten den, der als kleiner Banditenchef Diebstähle begeht. So weit sind wir mit unseren falschen Vorstellungen, daß wir keine andere Möglichkeit haben, einen Verbrecher von einem Helden zu unterscheiden. Von daher rühren unsere Verachtung für die kleinen Missetäter und unsere Bewunderung für große Schurken. Dies ändert aber nichts an der Verwerflichkeit, daß die Letzteren ausgezeichnet werden. Camillus, Scaevola und Andrea Doria, die sich für das Vaterland opferten, sind Helden. Aber Alexander und Cäsar kann man nur als Übeltäter großen Ausmaßes bezeichnen.

Vom Aberglauben

Man kann nicht über das Fortschreiten der Macht zum Despotismus nachdenken, ohne zugleich die öffentliche Meinung zu berücksichtigen. Wie kann sie doch die Geister beeinflussen! Sie war es, die einst die unerschrockenen Römer vor den heiligen Hühnern schaudern ließ, die das Fressen verweigerten. Sie war es, die den alten Ägypter vor Furcht erzittern ließ, wenn er das selbstgefertigte Götzenbild betrachtete. Sie macht heute die Jünger Mohammeds, die an die Vorherbestimmung der Gegenwart und Zukunft glauben, sorglos und apathisch. Sie hindert den Stoiker daran, Freude zu genießen.

Dieser Aberglaube ist es, der die Frommen durch falsche Hoffnungen für die Zukunft tausend Übel in der Gegenwart erdulden und viele handfeste Vorteile zugunsten eines angeblichen späteren Glückes opfern läßt. Und er unterwirft uns auch dem Zwang der Priester, deren Macht sich wiederum der Fürst bedient.

Die Fürsten brauchen gar nicht selbst die Rolle des Begnadeten zu spielen. Die Priester übernehmen das für sie. Sie sind es, die die Mächtigen als Vertreter Gottes auf Erden, vor denen der Rest der Menschen sich in schweigender Demut zu verneigen hat, anpreisen. Schließlich verwechseln sie Gehorsam mit niedrigster Kriecherei und verkündigen immerfort die blinde Unterwerfung im Namen Gottes.

Alle Religionen reichen dem Despotismus die Hand. Ich kenne allerdings keine, die ihn derart begünstigt, wie das Christentum.

Der Respekt, den die Mohammedaner vor dem Sultan haben, ist ebenso religiösen Ursprungs wie der der Moskowiter vor ihrem Zar. Die Religion der Beduinen lehrt, daß die Seele dessen, der im Dienst seines Fürsten stirbt, in einen schöneren glücklicheren Körper übergeht. Diese Dogmen schufen und schaffen eine große Zahl an willigen Opfern für die Regierung. Durch die Lehre der schicksalhaften Vorherbestimmung favorisiert der Islam die Tyrannei bis zum äußersten. Denn — wenn alles durch den Herrn der Welt vorherbestimmt ist, dann bedeutet Widerstand gegen Fürsten Verbrechen und Dummheit.

Die Religion umfaßt und verbindet über Staaten hinweg alle Menschen zu einem Volk von Brüdern. So wenigstens ist der Sinn des Evangeliums. *Würde die Religion den Fürsten wie die Untertanen gleichermaßen beeinflussen, so müßte dieser Geist der Nächstenliebe, den das Christentum nun einmal predigt, zweifellos auch die Machtausübung mildern. Aber dieser Geist des Evangeliums lebt doch nicht in den Herzen, die nur Zerstreuung und Vergnügen kennen. Und diese Lehre läuft doch den Regeln der Tyrannei gerade zuwider. So muß man feststellen, daß die Bremse der Religion nicht für diejenigen gemacht ist, die am Hofe leben.*

Jemand wird sagen: Man hat aber schon religiöse Fürsten erlebt. Jawohl: Frömmelnde und bigotte, Scheinheilige und Fanatische, die in jedem Falle vom Geist dieser Lehre sehr weit entfernt waren. Außerdem waren sie entweder zu ausgelaugt oder zu alt, um Lastern zu frönen. Die anderen trennen nach dem Beispiel der Pharisäer die Moral vom Dogma und lassen sich in der Ausübung ihrer Laster nicht im geringsten stören.

Die Freiheit braucht Liebe zum Vaterland. Aber das der Christen ist nicht von dieser Welt. Ihres ist im Himmel. Für sie ist diese Welt nur Durchgangsort. Wie sollen also Menschen, die nur nach Höherem streben, die hiesigen Dinge energisch in die Hand nehmen?

Menschliche Einrichtungen sind nun einmal auf menschliche Leidenschaften gegründet. Auch die Freiheitsliebe ist letztlich ein Teil des eigenen Wohlergehens. Spricht man also nur von der Verleugnung dieser Güter, so entfernt man sich von der Wirklichkeit.
Wie sollen Männer, deren Religion Mißtrauen geradezu verbietet, solches auf ihre Regierung anwenden? Ohne Furcht, ohne Hinterlist, ohne Zorn und ohne Rachegefühl ist ein wahrer Christ dem Belieben des ersten Besten ausgeliefert.
Dieser friedliche christliche Geist erstreckt sich auch auf die Feinde. Schlägt man sie auf eine Wange, so sollen sie die andere reichen. Nimmt man ihnen die Jacke weg, so sollen sie noch den Mantel geben. Verfolgt man sie, so sollen sie die Verfolger segnen. Was sollen sie den Tyrannen entgegenstellen, wenn sie nicht ihr eigenes Leben verteidigen? Sie leiden im Stillen, erniedrigen sich und beten für ihre Henker. Geduld, Gebete und Segnungen sind ihre Waffen. Wie sollen sie also gegen die Unterdrücker vorgehen?
All diesen Bestimmungen, die dem guten Bürger entgegenstehen, muß man noch den Befehl hinzufügen, daß jedermann der Obrigkeit untertan zu sein habe, die Gewalt über ihn hat. Es ist also nur natürlich, daß die Fürsten das Evangelium zur Einrichtung ihres Reiches mitbenutzt haben und damit ihrer Autorität einen geheiligten Charakter gaben.

Doppeltes Bündnis zwischen Fürsten und Priester

Wie wenn es noch nicht genug wäre, daß die Völker die Rute der Autorität zu küssen haben. Es gehört auch noch das Bündnis zwischen Fürsten und Religion dazu. Nichts ist so wichtig für die Fürsten, wie religiös zu sein, sagt Aristoteles in seiner Politik.

Welche Wunder hat doch der Glaube in den Jahrhunderten der Ignoranz vollbracht? Wer würde glauben, daß ein scheinheiliger Mönch, der im Nichtstun sich ernährt. mit unterwürfiger Mine und mystischen Sprüchen, mit dem Zeichen des Kreuzes als einzigem Verdienst, mit Rosenkranz, Schlüssel, Tiara und Weihwasser als einziger Waffe, dazu gelangt sein soll, mit lächerlichen Reden sich als der unfehlbare Heilige, als der Vertreter Gottes auf Erden zu etablieren!
Er spielt sich als Schiedsrichter zwischen den Nationen auf, als derjenige, der an die Hälfte der Welt die Krone verliehen hat, der die Völker gegeneinander aufhetzt und bewaffnet, während er gleichzeitig im Namen des Himmels den Frieden predigt und insgeheim zum Kriege hetzt. Er hat alle Kabinette zu kontrollieren, er übt eine despotische Herrschaft sogar über die Despoten aus und zwingt sie unter sein Joch. Er läßt die Völker erzittern, mehr, als es der Meister des Donners könnte.
Und das abergläubische Volk soll in diesem gemeinen Betrüger den Minister des Göttlichen bewundern, den Herrn des Himmels und der Hölle?
Denn die Völker nehmen alles für bare Münze, was von einem frommen König kommt. Und die Unzufriedenen wagen nichts gegen den zu unternehmen, den sie unter dem Schutz Gottes wähnen. Die Statue der Fortuna stand immer im Raum der römischen Kaiser, um das Volk zu überzeugen, daß diese Göttin über ihre Sicherheit wache.
Um das Volk zu gewinnen täuschte Heinrich II. von England höchste Verehrung für die sterblichen Überreste von Becket vor, den er verfolgt hatte. Als dann seine Armeen siegreich über die Schotten waren, sah man diesen König als einen Gottbegnadeten an. Sich ihm zu widersetzen, gliche dadurch geradezu einem Sakrileg *(Hoveden, S. 539)*.

Um seine Autorität in Schottland zu erhöhen, setzte Karl I.

die Bischöfe wieder ein. Der Diözesanbischof hatte das alleinige Recht, Schulen einzurichten. In den Gottesdiensten ließ Karl I. sich mit der absoluten Herrschaft der Könige von Israel vergleichen.
Diese Doktrin wurde im ganzen Königreich Gesetz. Ein verdächtiges Wort war in den Augen der Richter der Hohen Kommission bereits Verbrechen: eine regelrechte Inquisition, die keiner juristischen Form unterworfen war. Zeugen wurden zur Aussage gezwungen und im Weigerungsfalle in Kerkerhaft gebracht.
Die Fürsten selbst scheuten sich nicht, diese Lehre zu verbreiten:
„Es ist den Untertanen nicht erlaubt, das Verhalten der Könige zu kontrollieren oder nach den Grenzen ihrer Autorität zu forschen. Das hieße, ihre Schwächen enthüllen zu wollen und ihnen den Respekt zu verweigern, der den Vertretern der Göttlichkeit auf Erden nun einmal gebührt." So sprach Jakob I. vor dem Parlament, als er die Sache gegen den berühmten Bacon aufgerufen hatte *(Sanderson Jahrbuch 1656, S. 438)*
Heute noch feiert man durch feierliches Fasten den Tag der Hinrichtung Karls I. unter dem Namen Martyrium des seligen Königs. Dies geschieht, um die göttliche Barmherzigkeit anzuflehen, damit das unschuldige Blut seiner Heiligen Majestät nicht auf die Nachkommen der Engländer falle *(siehe die Proklamation Georgs III. vom 7. Oktober 1761).*

Vergebliche Anstrengungen des Volkes

Indessen macht der Despotismus Fortschritte, und die Ketten der Sklaverei werden schwerer. Je langsamer sich eine Tyrannei ausbreitet, desto härter wird sie, denn die Völker spüren sie weniger. Dessen ungeachtet kommen sie an einen Punkt, wo sie gezwungen sind, die Augen zu öffnen. Und dies ist immer dann der Fall, wenn der Fürst die geheiligten Menschenrechte angreift.

In einer kleinen Republik, wo das Volk seine Sitten bewahrt hat, folgt den Gewalttaten des Fürsten immer ein Verlust an Autorität. Als Tarquinius die Keuschheit der Lucretia angriff, wie er auch die geheiligten Rechte aller Bürger verletzte, da war jedermann empört über diesen Übergriff, und die Gewaltherrschaft des Dezemvirn fand ein Ende. Bei fast allen Erhebungen ist es immer das niedere Volk, das die Initiative ergreift. Die wohlhabenden Bürger und die Reichen bleiben indifferent.

Nun verliert auch die Regierung an Autorität. Man mißachtet ihre Befehle. Alles scheint in Krisenzeiten erlaubt, und es sieht so aus, als besäße der Fürst nur noch einen wertlosen Titel. Aber was steht doch alles zu seinen Gunsten! Entschließen sich die Untertanen – zur Verzweiflung getrieben – endlich zur Tat? Sie werden sich in den meisten Fällen nur kompromittieren.

Wenn die Unzufriedenen meutern und Gerechtigkeit verlangen, so wird der Fürst seinerseits Gegenmaßnahmen ergreifen. Er schickt ihnen Unterhändler, Beamte, Schergen und läßt die sich am meisten hervortuenden Aufrührer verhaften. Er behandelt sie als öffentliche Ruhestörer, und meistens wird die Ordnung alsbald wieder hergestellt. Die Anstrengungen, die die Völker für die Sache der Freiheit unternehmen, sind fast immer umsonst. In diesen Augenblicken der öffentlichen Gärung, sofern es unter diesen nicht einen Tapferen gibt, der sich an die Spitze der Unzufriedenen stellt und sie gegen den Unterdrücker aufrichtet, fehlt es an Mut und Entschlußkraft: Anstatt ihrem Anführer zu Hilfe zu eilen, lassen sie sich weder von seinen fürs Vaterland erlittenen Wunden, noch von seinen bereits errungenen Erfolgen beeindrucken, sondern lassen es zu, daß er in den Kerker abgeführt wird.

Viel braucht es, um den Volkszorn zu erregen, und wenig zuweilen, um es wieder zu beruhigen. Als die Sizilianer die Unterdrückung durch den Vizekönig Los Velos satt hatten und revoltierten, wurde ihnen von Palermo ein gewisser Alexis geschickt. Inzwischen wurden sie aber durch Spanien so eingeschüchtert, daß sich diese Feiglinge dadurch Gnade erhofften, daß sie diesen ihren Herrscher massakrierten. Am Tag der ersten Barrikaden wollte die Volksmenge den Palast des Präsidenten Molé, dieses Volksverräters, stürmen und machte sich daran, die Türen einzuschlagen. Molé ließ sie jedoch öffnen und stellte sich den Aufrührern entgegen. Verblüfft durch diese Kühnheit zogen sie sich ohne Aufhebens zurück und ließen sich entwaffnen *(Geschichte des Kardinals Mazarin)*.

Wild und blutdürstig im Frieden, zitternd im Krieg – kaum wird das Volk eine große und beherrschende Persönlichkeit gewahr, so wird aus dem ganzen Aufruhr nur noch ein kleiner Tumult, der leicht unterdrückt wird und immer erfolglos bleibt. Hier als Chef aufzutreten, ist ein Wagnis. Die Unsicherheit des Erfolges hält deshalb auch die Entschlossensten meist zurück.

Mit welcher Leichtigkeit haben doch die Herren der römischen Republik die Unternehmungen der Gracchen zufall gebracht, die die Plebejer von ihrer Unterdrückung befreien wollten! Und wenn es schon so leicht war, diese Beschützer des Volkes, die immerhin Tribunen waren, niederzuhalten, wieviel leichter ist es dann, Anführer ohne rechten Rückhalt zurückzuschlagen und als Unruhestifter abzutun! Der Aufstand nützt also nichts, wenn er nicht allgemein ist. Wenn eine Stadt zu den Waffen greift, um ihre Rechte zu verteidigen, so werden die Söldnertruppen des Königs sie unterjochen, wenn diesem Beispiel nicht die übrige Nation folgt. Ihre Fesseln werden dann nur noch schwerer.

Und wenn auch allgemein Unzufriedenheit herrscht, so ist es doch selten, daß das Volk einig ist. *Die Mächtigen, die Vornehmen, der Adel, die Geistlichkeit, alle, die ihr Scherflein vom Fürsten beziehen, die Ehrgeizlinge, die den Hof als Quelle aller Ehren ansehen, die Akademiker, die Pedanten und Gauner, die ihr Glück in öffentlicher Unordnung sehen, ferner das Schmarotzervolk, das nur von den Lastern der Großen existiert, sie alle bilden die Partei des Fürsten; während der Mittelstand, die klugen und vernünftigen Leute, die Gerechten, die nur den Gesetzen gehorchen wollen, sich fast ausschließlich in die Partei der Freiheit eingliedern.* Normalerweise ist der Staat geteilt, und diese Uneinigkeit ist eine der Hauptursachen für die Tyrannei, denn der Fürst braucht die Rivalisierenden nur untereinander auszubalancieren, um völlig unabhängig zu sein. So geschah es auch im spanischen Bürgerkrieg unter Karl V. Er hatte flämische Minister eingesetzt, die die unzufriedenen Städte untereinander ausspielten. Während er einerseits eine Amnestie und andere verlockende Zugeständnisse versprach, schrieb er gleichzeitig an den Adel, er möge mit aller Macht seine

Rechte und die der Krone gegen das Volk verteidigen *(Sandoval, Geschichte des Bürgerkrieges in Castilien).*
Bei einer allgemeinen Erhebung ist sich alles einig, daß gegen die Tyrannei etwas unternommen werden muß und daß man einen Führer braucht. Was nun eigentlich die Geister einigen sollte, indem man sich für den oder jenen entscheidet, bringt sie sehr oft auseinander. Dieser Mangel an Harmonie unter den Unzufriedenen bringt leicht ihre Unternehmen zum Scheitern.
So gab es in Castilien heftige Auseinandersetzungen wegen des Oberkommandos. Padilla war der einzige, der dieser Ehre würdig war. Da er aber vom Volk und von den Truppen ganz besonders geschätzt war, ließen die Mitglieder der Junta in ihrer Eifersucht den General Pedro de Gliron zum Anführer ernennen, einen Mann, der jeglicher Voraussetzungen für diesen Posten entbehrte. Was Wunder, daß sie unterlagen!
Ist aber tatsächlich über die Wahl Einigkeit erzielt, so ist noch keine Zeit für Triumph. Sind nämlich die Anführer der Freiheit nicht über jeden Zweifel erhaben, so gelingt es mitunter, sie zu bestechen.
Schlägt auch dies fehl, so versucht man, sie von ihren eigenen Anhängern ausliefern zu lassen. Wie oft haben doch erbärmliche Feiglinge danach getrachtet, für sich Gnade und Gunst zu erlangen – mit dem Haupte ihres Führers in der Hand!
Philip V. hatte die Mauren von Granada zum Aufstand getrieben, da er sie mit Feuer und Schwert zum Christentum bekehren wollte. Von ihrer Resolution überrascht, bot er ihnen eine Amnestie, wenn sie sich binnen 20 Tagen unterwerfen würden. Und diese Jämmerlinge akzeptierten diese Gnade unter Opferung ihres Königs.

Beim Aufstand von Neapel 1647 täuschte der Vizekönig Verhandlungen mit den Aufrührern vor. Deren Anführer, Anziello Amalphi, begab sich daraufhin zu ihm, um diesen Vertrag zu realisieren. Als der Vizekönig die Verehrung der Neapolitaner für ihren Chef sah, überhäufte er ihn mit Aufmerksamkeiten. Als ob er ihn krönen wollte, legte er ihm eine goldene Kette um den Hals, gab ein prächtiges Fest zu seinen Ehren und – ließ ihn dann vergiften!
In den Wirren der Liga ließ Heinrich III., der vom Herzog von Guise verjagt worden war, letzteren in seinen Palast einladen, um angeblich mit ihm zu verhandeln; dann ließ er ihn ermorden *(Lusma Geanone, Geschichte von Neapel, Memoiren des Herzogs von Guise)*.
Aber wohl das größte Blutbad richtete Karl IX. an: Da die Partei der ihm verhaßten Protestanten von Tag zu Tag wuchs, war er zu feige, um sie mit der Armee zu bekämpfen. Er schläferte ihre Führer mit falschen Aufmerksamkeiten ein. Dann, in der Bartholomäusnacht, wurden sie mit 60.000 ihrer Anhänger abgeschlachtet. Nur einer, natürlich ein König, wurde verschont: Heinrich IV.
Sehr wichtig ist auch der Zeitpunkt einer Erhebung und das Eingreifen einer günstigen Gelegenheit. Die geringste Verzögerung kann oft ein kühnes Unternehmen zum Scheitern bringen. Der Feind darf keine Zeit zur Orientierung und zur Sammlung seiner Kräfte haben, dann hat die Sache der Freiheit einen Vorteil über die der Tyrannei. Ist der Fürst dann überrascht und jammert, wie es ihm zuwider sei, zu Gewalt greifen zu müssen, so bereitet er sich dennoch vor, das Volk zu zermalmen.
Seine Untertanen lassen sich jedoch von solchen falschen Tönen beeinflussen. Und ähnlich wie Kindern, die eine gewisse Scheu haben, die Hand gegen den Vater zu erheben,

fallen ihnen dann die Waffen aus der Hand.
Genau so machte es Karl I. mit den Engländern, als er gegen das Volk vorging. Mit Schrecken bemerkte er, daß seine Streitkräfte zu klein waren. Um Zeit zu gewinnen ließ er das Parlament bitten, Kommissare zu ernennen, die mit seinen Deputierten verhandeln könnten. Im übrigen sei er untröstlich, die Nation der Gefahr eines Bürgerkrieges aussetzen zu müssen.
Betrachtet man die Chancen des Volkes im Kampf gegen Unterdrückung, so kommt außer der bereits zitierten und verhängnisvollen Uneinigkeit noch ein weiteres hinzu: Das Volk schlägt sich oft schlechter für das Vaterland, als die Söldner für den Despoten. Die kriegsungewohnten Bürger unter ungewohnten Anführern haben gegen die disziplinierten Truppen unter geschickten Offizieren einen schweren Stand.
Der spanische Bürgerkrieg liefert immer wieder für die Fragen der Freiheit anschauliche Beispiele. In diesem Krieg also sprach eigentlich alles für die Aufrührer:
Die Stadtbewohner waren in den Waffen ausgebildet worden.
Es fehlte weder Geld noch Munition.
Sie waren von unbeugsamer Freiheitsliebe beseelt.
Sie hatten die Führung des trefflichen Padilla.
Sie hatten sich die Staatssiegel und Schlüssel beschafft.
Die Schatzkammer des Gegners – des Königs – war fast erschöpft.
Die Truppen der Krone triumphierten trotzdem!
Von so vielen Völkern, die für die Freiheit zu den Waffen gegriffen haben, wie wenige haben doch dabei wirklich ihre Freiheit erkämpft!
Es ist bedauerlich, aber eine Tatsache, daß der ganze Kampf um die Freiheit selten aus einem heftigen Rechtsgefühl her-

aus geführt wird, sondern meistens nur, um sich Unterdrükkung zu entziehen. Daher das Zögern, wenn nötig auch zu hohem Preis den kostbaren Vorteil, frei zu sein, zu erkaufen. Viel hartnäckiger hingegen kämpft der Fürst, der seine Autorität bis zum äußersten ausbauen will. Wenn diese Majestäten aber tatsächlich einmal besiegt werden, so behalten sie ihre Hohheit und stolze Arroganz bei, und gebrauchen denselben herrischen Ton wie in guten Zeiten. Sie sprechen auch jetzt nur von ihren Vorrechten, und fast immer läßt das Volk sich die Frucht des Sieges entreißen. Aber Gott gnade den Untertanen im Falle einer gescheiterten Meuterei! Sie sind Rebellen. Der autoritäre Wille wird diktiert. Das mindeste ist, daß sie in Ketten geschmiedet werden, wenn ihnen nicht Schlimmeres bevorsteht. Und so beeilen sie sich, Gnade durch schändliche Unterwerfung zu erlangen.

Ist der Tyrann endlich niedergeschlagen, so ist allerdings die Freiheit deshalb noch nicht gesichert. Alles war sich gegen die Tyrannei einig. Soll nun aber eine neue Form der Regierung gefunden werden, so ist es mit der Einigkeit nicht mehr weit her. So war es bei den Einwohnern von Capua, als Pacivius Alanus ihren Senat gefangen hielt. Die einen wollten die Gleichheit aller einführen, die andern ihre Vorrechte behalten. Die einen wollten dieses Gesetz, die anderen jenes. Wird allzu lange hin- und herdebattiert, so kann es vorkommen, daß irgendjemand sich zu einem neuen Herrscher aufschwingt – und die Knechtschaft beginnt von neuem. Nicht viel anders verhielt es sich in England nach der Hinrichtung Karls I. Die Monarchie war also abgeschafft. Es wurde ein Staatsrat gebildet, der die Exekutive mit der Legislative vereinigte. Nun war es den einzelnen Mitgliedern wichtiger, ihre persönliche Macht auszubauen, Reichtümer anzuhäufen und neue Steuern dem Volk aufzuerlegen, als

sich um die Mängel der Staatsform zu kümmern. Schließlich war das einzige Ziel des grausamen Krieges die Reform eben dieser Regierung gewesen. Die Armee, die durch ihre Heldentaten die Abschaffung der königlichen Diktatur ermöglicht hatte, wurde völlig ungenügend entlohnt und abgefunden.
Das Volk murrte über diesen neuen Zwang. Die Lords beobachteten mit Mißbehagen die Macht der Gemeinden, die Tories verwünschten den Triumph der Whigs, und sehnten sogar wieder die Monarchie herbei. *(Es waren ihrer 90.)* Dieser ganze Wirrwar führte dann dazu, daß sich Cromwell zum Herrn des Staates aufschwingen konnte. Er hat ihn dann geführt – mit eisernem Zepter.
So streiten sich dreiste Intriganten um das Kommando im Staat, während das Gros der Nation, allzu leicht bereit, sich unterzuordnen, gleichgültig abwartet, welche Partei vom Glück begünstigt sein wird.

Von den Betrügereien

Werden jemals an das Volk von seiten des Fürsten Konzessionen gemacht, so ist es ihm eine besondere Kunst, mit einer Hand wegzunehmen, was er mit der anderen gibt. Er ist zu begierig auf seine Macht, um auch nur etwas davon zu verlieren.
Als die Plebejer endlich einen Konsul erhalten hatten, da brachten die Patrizier einfach keine Sache vor ihn, um so seine Magistratur wirkungslos zu machen.
Um aufsässiges Volk zu beruhigen, opfert der König diesen oder jenen Minister, das heißt, er läßt ihn wie ein Schiff in einen sicheren Hafen einlaufen, bis die Gefahr vorüber ist.

Und die Nation fühlt sich bestätigt und ist beglückt. Als die Anhänger der Fronde die Entfernung Mazarins durchgesetzt hatten, da wich dieser Günstling ebenfalls geschickt dem Gewitter aus. Er hatte vor der Abreise alle nötigen Geheiminstruktionen hinterlassen.
Von seinem Zufluchtsort (Köln R.S.) blieb er weiter die Seele der Regierung. Er wurde durch Eilkuriere über alles Wichtige befragt. Nach Unterdrückung des Aufruhrs kehrte er triumphierend an die Spitze des Staates zurück.
Noch schärfer als dieser italienische Emporkömmling ging König Johann (von England R.S.) unter ähnlichen Umständen vor: Die englischen Edelleute hatten wie ich schon berichtet habe, die Unterschrift der Magna Charta ertrotzt. Johann verheimlichte sehr geschickt seinen Racheplan. Er zog sich auf die Insel Wight zurück, wo er seine Absichten im einzelnen festlegte. Er bot den fremden Truppen von Brabant freie Plünderung an und ersuchte den Papst um Annullierung des von ihm, Johann, gegebenen Wortes. Sobald die fremden Hilfstruppen zur Stelle waren, ließ er die Maske fallen und verwüstete und brandschatzte das ganze Land.
Unter Markus Emilius und Quintus Fabius ging man so weit, zu behaupten, der Zorn der Götter werde hervorgerufen, wenn Plebejer in den Magistrat gelangen würden. Man denke doch nur an den harten Winter, den man hinter sich habe und die Krankheiten, die sich verbreitet hätten. Dieses Argument schlägt beim Volk tatsächlich ein. Es verzichtet auf seine Macht und beruft nur noch Patrizier in den Senat. Kurz danach war der Albaner See ohne ersichtlichen Grund über die Ufer getreten. Man befragte das Orakel von Delphi. Inzwischen verbreitete der Senat das Gerücht, die Götter seien erzürnt, weil man die Rangfolge verwischt habe. Darauf kam es zum Interregnum.

Karl I. säte zum selben Zweck Zwietracht zwischen den Schotten und den Engländern. Als dies seinen Plänen noch nicht genügte, setzte er neben vielen Kommissaren seinen Hofprediger Henderson ein. Dann unternahm er alles, um auch noch die katholischen Iren zu einem Aufstand gegen England zu bringen.

Es gibt kein Staatswesen, bei dem sich nicht zu irgend einem Zeitpunkt die Möglichkeit, die Freiheit wieder zu erlangen, anbietet. Das Volk läßt sie aber fast immer verstreichen, weil es sie nicht bemerkt. Die Fürsten allerdings, sie sehen die Gelegenheit, die Fesseln straffer zu spannen, und machen davon Gebrauch.

„Ich und die Zeit", so pflegte Karl V. zu sagen, „wir nehmen es mit zweien auf" *(Yo y el tiempo para dos estros. Geschichte des Herzogs von Alba, 3. Bd.).*

In dem schweigenden Krieg, den die Fürsten in Permanenz gegen die Freiheit führen, gibt es praktisch keinen Stillstand, selbst dann nicht, wenn sie sich nur Gefühlen leutseliger Gnade oder Vergnügen und Zerstreuungen hingeben. Sie haben dazu ihre Minister, die, um an der Macht teilzuhaben, gleichfalls an Machtausdehnung interessiert sind. Andrerseits tragen die Fürsten, die in großen Schritten auf den Despotismus zueilen, auch Sorge, daß die Macht ihrer einzelnen Minister keinesfalls zu groß wird, oder daß sie irgendwie unentbehrlich werden. Deshalb werden häufig neue Leute genommen. Dies war die Politik Ferdinands V., Philips II., Ludwigs XI., Heinrich VIII., Karl I. usw. Zuweilen wird auch genau dieselbe Politik zur Ausdehnung der Volksversklavung über mehrere Regierungsepochen hinweg fortgesetzt, so zum Beispiel unter Ludwig XIII. und Ludwig XIV. Mazarin folgte pünktlich den Maximen Richelieus und Le Tellier denen von Mazarin.

Fast noch konsequenter hat es die spanische Krone von Karl V. bis in unsere Tage gehalten: Selbst wenn Minister gewechselt wurden – das streng autoritäre Ziel blieb immer das gleiche.

Die Bestechung des Gesetzgebers

Schaut man sich die dem Fürsten unmittelbar Untergebenen genauer an, so ist es unerläßlich, sich mit dem Begriff der Bestechung näher auseinanderzusetzen: Nach anfänglichen Lobredereien lassen es sich die Souveräne besonders angelegen sein, die Eitelkeiten gegeneinander auszuspielen. Der eine erhält Versprechungen, der andere wird mit Schmeicheleien bedacht, jener erhält Gold und dieser Posten für seine Freunde. Jeder wird genau nach seinem Geschmack und seinen Schwächen behandelt. Wer immer ihren Interessen dienen will, braucht nur seinen Preis zu nennen. Und so sieht man alsbald die höchsten Diener des Staates sich dem Willen des Fürsten preisgeben und die Sache der Freiheit verkaufen, um ihre niedrigen Leidenschaften zu befriedigen. Anstatt ihren geheiligten Verpflichtungen gerecht zu werden, werden sie zu käuflichen Instrumenten der Tyrannei.
Sowie in Sparta ein Senator gewählt worden war, sandte ihm Agezilas einen Ochsen als Geschenk *(Plutarch, Leben des Agezilas)*.
Karl V. brachte es entgegen den Grundgesetzen des Staates fertig, sich von den Volksvertretern wieder und wieder Subsidien zahlen zu lassen, indem er, genau wie ich es angeführt habe, den einen verführte, den anderen bedrohte, jenen mit Schmeicheleien und diesen mit Gold bestach. Und genau

so machte es Ludwig XI. mit den Generalständen, die er dazu brachte, daß sie das beschlossen, was er wollte.

Kaum Widerstand gegen Regierungsprojekte

Anstatt mit unermüdlichem Eifer die Sache des Vaterlandes zu verteidigen und durch größtmögliche Anstrengungen den Fortschritt des autoritären Regimes zu verhindern, fallen die furchtsamen Patrioten um und begnügen sich mit halbherzigem Widerstand oder mit einfachem Protest. Wenn sich nicht alle Vertreter des Herrschers seinem Willen preisgeben, sie nicht alle hinter Ämtern, Würden und Gunst her sind, wenn sie es sogar verschmähen, sich zu verkaufen, der Mangel an Vertrauen und Festigkeit macht fast immer ihre Anstrengungen zunichte. Einige überlassen sogar, entmutigt durch ihren geringen Einfluß, das Schlachtfeld ihren Gegnern. Und wieder marschiert der Fürst zum Despotismus.

Wie man Meutereien verhindert

Verfehlt der Fürst sein Ziel, so verliert er nur Zeit. Versagt jedoch die Nation in einer Erhebung, so hat sie kaum jemals die Gelegenheit, dies ein zweites Mal zu versuchen. Selbst nach einem Bürgerkrieg lassen die Souveräne von ihren Zielen nicht ab. Sie können sich einfach nicht entschließen, auf diese souveräne Macht, auf diese grenzenlose Größe, auf dieses Reich des Absoluten zu verzichten. Sie gleichen damit Menschenfressern, die, einmal an Menschenblut gewöhnt, auf diesen abscheulichen Trank nicht mehr verzichten können.

Durch die Geschichte belehrt, ist die autoritäre Regierung sich einig: Meutereien dürfen gar nicht erst aufkommen. Es werden keine Zusammenrottungen, keinerlei Tumulte, ja nicht einmal Versammlungen geduldet, und wären sie auch noch so klein.
Bildet sich um einen populären Mann ein interessierter Kreis: auch das ist noch zuviel. Als Jean Jacques Rousseau nach mehreren Jahren Abwesenheit von Paris dorthin zurückkehrte und manchmal eine Viertelstunde im Café de la Régence saß, scharte sich eine Menge Neugieriger um ihn. Alsbald erhielt er den Befehl, kein Café mehr aufzusuchen. Die Venezianer gehen noch weiter: Verdächtige Subjekte, die womöglich schon dem Rat der Zehn aufgefallen waren, sollten nicht im Geheimen Ränke schmieden oder Verschwörungen anzetteln. Es werden also von Zeit zu Zeit Befehle erlassen, in denen große Summen demjenigen versprochen werden, der Staatsfeinde und Verbrechen gegen den Staat anzeigt oder aber den Kopf des Flüchtigen gleich mitbringt.

Das Volk muß an Militär gewöhnt werden

Den Bewohnern der Provinzen hat man also die Mittel zu ihrer Verteidigung genommen. Nun gewöhnt man das Volk unter dem Vorwand, die öffentliche Sicherheit garantieren zu müssen, an den Anblick des Militärs:
Soldaten um Angeklagte zu verhaften, Soldaten um Übeltäter dem Henker zuzuführen, Soldaten um die Überlandstraßen zu bewachen.
Bei öffentlichen Anlässen werden die Ein- und Ausgänge von Soldaten bewacht, bei Versteigerungen, Austellungen.

Überall, wo das Volk sich versammelt – Soldaten um es zu bewachen. Und damit es sich nicht bei Nacht versammelt: auch da Bewachung wie am Tag.

Der Souverän versichert sich der Armee

Auch hier gilt dem Fürsten das Prinzip, möglichst wenig Einfluß in einer Hand zusammenkommen zu lassen. Er richtet eine große Zahl verschiedener Dienstgrade ein, bei denen man entweder langsam, nach Dienstjahren, aufsteigt, oder aber schnell – mit Protektion. Schon dadurch überbieten sich die verschiedenen Offiziersränge, den Willen ihres Befehlshabers zu erfüllen. Um keine Cliquen sich bilden zu lassen, werden Kommandeure häufig gewechselt und sogar die Stationierungsorte der Truppen in der Garnison.
Außer diesen Maßnahmen wird das Militär mit Großzügigkeit hofiert. Mit anderen Worten: Man streichelt die Hände, mit deren Hilfe man den Staat fesseln will.
Die Soldaten verwechseln nun immer mehr den Begriff des Vaterlandes mit der Person des Fürsten, setzen auf ihn ihre ganze Hoffnung und – mit der Zeit werden sie von Volksverteidigern zu Volksfeinden. Auf diese Weise schafft sich der Herrscher eine ihm ergebene Partei, die immer Gewehr bei Fuß gegen die Nation steht und nur auf den Augenblick wartet, wo sie eingreifen soll.
In einem freien Volk kennt der Soldat seine Pflichten und verliert die Gerechtigkeit nicht aus den Augen. *In fast allen europäischen Staaten läßt man den Soldaten auf seine Offiziere schwören und diese wiederum auf die Verteidigung des Thrones. Ein Schwur, der einzig und allein auf die Nation geleistet werden dürfte.* Um die Truppe möglichst unabhängig

zu halten wird sie der zivilen Macht und Gerichtsbarkeit entzogen und außerdem entfernt man die Soldaten so weit wie möglich von den Bürgern. Man zwingt sie, unter sich zu leben, man kaserniert sie. Von da ist es nicht mehr weit bis zu elitären Gedankengängen: Es wird ihnen Verachtung gegen jeden nicht militärischen Stand eingeflößt, und um diese Hervorhebung noch zu unterstreichen, gibt es Orden und Ehrenzeichen. *In Preußen hat jedermann vor Militär den Bürgersteig freizugeben. In Berlin hat man für eine vorbeikommende Abteilung Soldaten denselben Respekt wie in den katholischen Ländern für ein Leichenbegängnis. In Frankreich hält sich der Soldat sogar für berechtigt, den Bürger zu mißhandeln. Der Offizier verachtet den Kaufmann, den Beamten, den Wissenschaftler. Und überall hat jede Wache das Recht, die geringste Beleidigung mit dem Blut der Bürger zu waschen.*
Von der Entfremdung führt also ein gerader Weg zur staatshörigen Unterdrückungsbereitschaft.

Über den Krieg

Wenn der Krieg die grausamste Geisel der Menschheit ist, welch ein Unglück ist es dann für eine Nation, an ihrer Spitze einen machtgierigen Fürsten zu haben, der von seiner Eroberungsgier zerfressen wird und nach Belieben über den Staatsschatz, über Armee und Flotte gebietet und damit das Volk seinen finsteren Leidenschaften unterordnet.
Ein Eroberer spielt mit dem Leben seiner Untertanen und fügt seinen Mitbürgern genau so viel Unbill zu wie seinen Feinden. Sein Lorbeer ist stets vom Blut der Hingeschlachteten und von den Tränen der Verwundeten besudelt.

gerkrieg mit sich bringt, unterdrücken, so wird er zum reißenden Tier, er zerfetzt, er würgt, er schwimmt im Blut seiner Gegner. Dann wird mit inquisitorischen Methoden so lange nach Rädelsführern gesucht, bis die Henker Arbeit bekommen. Es ist eine Schande für die Menschheit, wie hier mit barbarischem Vergnügen gegen die menschliche Natur gewütet wird.

Je mehr Unordnung und Anarchie droht, desto mehr läßt das Volk, abgelenkt durch die Ereignisse, den Fürsten gewähren und ihn in aller Ruhe seinen Machenschaften nachgehen.
Durch Siege verdirbt er das Vaterland, und nach Niederlagen konspiriert er mit dessen Feinden. Nach dem Kriege kommt oft ein neuer Despot. Und das Volk, immer noch unterjocht, hat als einzigen Erfolg aus den ganzen Opfern und Verwüstungen, daß es schließlich wieder einmal seinen Herrscher gewechselt hat.
Man schaue doch auf dieses herrliche Rom, das schreckliche Kriege führte, um sein Joch vielen Besiegten aufzuzwingen. Wozu führten seine vielen Siege und eklatanten Triumphe? Es wurde seinerseits von tausend Cliquen zerrissen und dazu gezwungen, das schändliche Spielzeug eines Freigelassenen oder die Beute eines Raubgierigen zu werden!

Wie man das Volk ruiniert

Ein wichtiger Grund zur Unterjochung der Völker muß noch herausgestellt werden: Zuerst fördert die Regierung die Sucht der Bevölkerung nach Luxus. Wenn er ihr dann unentbehrlich geworden ist, entziehen sie ihr die Mittel, um sie zu befriedigen. Mit Ansprüchen, die die persönlichen Möglichkeiten überschreiten, ist es zweifellos sehr schwierig, ein guter Bürger zu sein. Aber es wird vollends unmöglich unter den Abhängigkeiten, die Verweichlichung und dahinschwindender Reichtum mit sich bringen. Ein von Völlerei und Aufwand verdorbenes Volk ist für die Abhängigkeit und Knechtschaft geradezu geschaffen.

Es ist ein beschlossener Grundsatz dieser Regierungen, es dem Volk nicht zu gut gehen zu lassen. *Nicht nur Richelieu in seinem Testament, sondern auch Philip I. wiederholten oft, daß sie lieber ein elendes und darniederliegendes Volk regieren würden, als eine reiche und mächtige Nation.*

Was liegt also näher, als sie mit Steuern, die die Industrie entmutigen, den Handel ruinieren und die Künste zerstören, zu bedrängen? Wenn das noch nicht genügt, so nimmt die Regierung auch noch zu Wucherzinsen und Erpressung Zuflucht.

Ein weiteres Mittel, das die Fürsten gebrauchen, um ihre Untertanen zu ruinieren, sind die Monopole aller Art: Jedes Jahr schickt der Papst seine Abgesandten, die das gesamte Korn der Gemeinde von St. Peter aufkaufen, um es dann doppelt so teuer und in kleinen Portionen wieder zu verkaufen.

In Rußland betätigt der Zar eine Vielzahl von Kneipen, wo das Volk seinen ganzen Verdienst ausgibt. Die Habsucht des Fürsten ist sogar derart, daß es den Frauen und Kindern, die von diesen Trunkenbolden im Elend gelassen werden, verboten ist, ihre Angehörigen dort aus irgend einem Grunde herauszuholen. So groß ist die Furcht des Fürsten, seine Einkünfte zu schmälern.

So war einst die Politik der Regierungen. Heutzutage ist sie raffinierter. Der Fürst leiht sich zu hohen Zinsen das Geld seiner Untertanen, und ihr Guthaben wird zu einem doppelten Knoten der Abhängigkeit. Einesteils ist es ein Pfand für die Unterwerfung der Bürger. Denn diese müssen dauernd davor zittern, einen Vorwand für Konfiszierung und Bankerott zu liefern, falls sie es wagen sollten, sich zu erheben. Andrerseits geben die der Regierung anvertrauten Summen dieser die Mittel, um diejenigen zugrunde zu richten, von denen sie sie erhalten hat.

Unter diesen Gesichtspunkten muß man die Regierungsanleihen in Frankreich, Spanien und vielen andern Ländern sehen.

Die Staatsautorität ist eine Willkürherrschaft. Von dieser Wahrheit mußten sich viele Völker nur allzu oft überzeugen. Ist dann ein geeigneter Moment gekommen, so findet diese Regierung gar nichts dabei, durch allerlei betrügerische Transaktionen das Vermögen ihrer Untertanen zu schmälern, oder sie gar durch Verlust völlig dem Elend auszuliefern. Ist die Staatsführung dann gründlich in Verruf geraten, so buhlt sie um neues Vertrauen durch Auflegen von Anleihen, auf welche die Staatseinkünfte hypothekisiert sind; und sie lockt Leichtgläubige mit großen Vorteilen und Vergünstigungen. Diese Machenschaften vereinigen immer die Interessen der Kapitalisten sehr eng mit denen des Fürsten. Bringen ihre Verhandlungen und ihr Geschacher doch immer eine stattliche Zahl von Spekulanten und Aktionären auf die Beine, die damit für volksfeindliche Projekte Hilfestellung leisten. Sie alle bilden eine mächtige Gruppe zugunsten des Despotismus. Sie nehmen doch viel lieber eine Einschränkung der Freiheit hin, als ihr Geld irgendwie in Gefahr zu bringen und sind schon dadurch völlig außerstande, autoritärer Willkür energisch die Stirn zu bieten.

Wenn das Vertrauen zerstört ist und die Bürger ihre Geldbörse geschlossen halten, ist die Regierung gezwungen, zum

Zwecke von Anleihen sich an Zwischenhändler zu wenden, die nur mit hohen Zinsen und Gewinnspannen arbeiten. Ihnen werden Einnahmen verpfändet, oft sogar im voraus. Zuweilen erhalten sie Vorrechte, die natürlich auf Kosten des übrigen Handels gehen und die den Ruin der Nation vorbereiten. Durch das System von Law hat sich genau dies unter dem Regenten (Herzog von Orléans R.S.) ereignet. Armes Frankreich, wie oft bist Du doch auf diese Weise ausgeraubt worden. Um ihre eigene Beute festzuhalten, sind diese Blutsauger und Volksschädlinge jederzeit bereit, sich auch mit denen zusammenzutun, die Dir auch noch die letzten Lumpen herunterreißen.
Können die Fürsten auf Anleihen nicht mehr zurückgreifen, so gibt es noch andere Hilfsmittel. Bankenkonsortien werden gebildet, die Wechsel in Umlauf bringen, die zunächst auch brav und pünktlich eingelöst werden. Kaum hat das Volk Vertrauen gefaßt, so wird betrügerischer Bankrott herbeigeführt, der immer zu Lasten des bescheidenen Bürgers geht.
Zu allerhand Tricks gezwungen ist das Kabinett dauernd dabei, verheerende Pläne durchzuführen, die dem Volk den letzten Heller nehmen: Monopole, Spiel und Wucher werden gefördert, ferner Lombardgeschäfte, an denen der Staat kräftig verdient. Spielhöllen, Kneipen, Lotterien, Leihhäuser, die aus Gewinnsucht verstaatlicht werden, kurz: Der Staat wird selbst zum Schurken.
Aber die größte Gemeinheit der Staatsführung habe ich bis zum Ende dieser dem Finanzgebaren der Herren gewidmeten Gedankengänge aufbewahrt:
Zuweilen bringen die Fürsten es fertig, um ihre Untertanen zu schädigen und sich selbst an ihnen zu bereichern, das umlaufende Geld zu entwerten. Sie reduzieren den tatsächli-

chen Wert ohne den Nominalwert zu ändern. Eine wahrhaft verheerende Maßnahme, deren Auswirkung wir jetzt vor Augen haben (1774! R.S.).
Sie wird eigentlich nur noch von den Praktiken Heinrichs VII. übertroffen, der reiche Bürger unter fadenscheinigen Vorwänden anklagen, einkerkern und schmachten ließ, bis sie sich die Freiheit mit ihrem Vermögen erkauften. In dieser beschriebenen finsteren und schändlichen Weise wird das den Bürgern weggenommene Geld zur Beute der Höflinge. Millionen von Menschen werden zum Elend verdammt, um den skandalösen Prunk einer Handvoll Günstlinge zu ermöglichen. Ihr miserables und ansteckendes Beispiel bindet alle gierigen Intriganten an die Sache des Fürsten.
So geraten die Völker mehr und mehr in die Armut, von der Armut in die Abhängigkeit und von da in die Knechtschaft, bis sie unter dem Gewicht ihrer Ketten zusammenbrechen.

Von der Schmeichelei

Um die Gunst der Fürsten zu erringen, schmeichelt man ihnen. Es wird ihnen gesagt, sie hätten eine grenzenlose Macht und seien nur den Göttern zu vergleichen. Die Minister bestätigen ihnen gern, daß sich jedermann ihren Befehlen zu beugen habe, daß der Staat ihnen gehöre und daß jede Maßnahme, die der Erhaltung oder Vermehrung ihrer Autorität diene, rechtens sei. Die Juristen und Redner erheben die Knechtschaft zum System, indem sie behaupten, die Untertanen hätten nur zu gehorchen. Sie gleichen darin Reptilien, die die öffentlichen Quellen vergiften.
Käufliche Autoren suchen, sich gegenseitig an Erbärmlich-

keit zu übertreffen und stellen Behauptungen auf, wie: Der Fürst habe keinerlei Verpflichtung gegen die Nation *(Hobes, de Imperio)*, die Fürsten sind die einzigen und absoluten Souveräne *(Sir Robert Filmer, Universität Oxford, in seiner Abhandlung über die republikanischen Schriften; Grotius, De jure belli et pacis, lib. 1; Pufendorf, De jure naturae et gentium, lib. 7; Bodin, De la République, liv. 2; Bossuet, Politik aus der Heiligen Schrift; Pasquier Untersuchungen; Bignon, Excellence des rois et du royaume de France etc.)*.
Weiterhin, daß sie kraft ihres Ranges über den Gesetzen stünden *(Le Gendre, Traité de l'opinion, liv. 5)*. Sie würden sich geradezu degradieren, wenn sie nicht vom Volk den unbedingten Gehorsam fordern würden, der ihnen am Altar gelobt worden ist. Sie hätten als Vater des Volkes das Recht, alles zu tun, was sie für den Staat als richtig erachteten, ohne jemanden zu konsultieren und selbst gegen die Gesetze. Sie seien nur Gott Rechenschaft schuldig, von dem allein ihre Macht sich herleitet.
Schließlich wühlen diese Schreiberlinge noch in der Antike und machen dem Volke weis, daß dies schon immer so gewesen sei und deshalb auf alle Zeiten auch so zu bleiben habe.
Die Dichter verbreiten diese Sprüche in ihren Versen *(Science de gouvernement, t. II, S. 31). Die französische Regierung ist eine rein monarchische, heute so wie einst. Es ist kein Ruhmesblatt für die Franzosen, daß sie zur Ausbreitung dieses Geistes der Knechtschaft einiges beigetragen haben, gerade auch in den Epochen Ludwigs XIV. und XV.*
Die Schauspieler rezitieren diese Hymnen auf den Brettern, zwielichtige Geschäftsleute wiederholen sie. Kurz: Alles was sein Vermögen auf dem Ruin des Staates aufbaut, glaubt, sich an diesem Chor noch beteiligen zu müssen.

So gewinnen diese Leitsprüche an Publikumsgunst, obgleich sie von Verrat diktiert und von Dummheit wiederholt werden.

In einem Plädoyer hieß es kürzlich, daß das französische Volk dem Monarchen alle Gewalt übertragen habe, genau wie das römische sie dem Kaiser gegeben habe. Diese Passage war aber den Königstreuen noch keineswegs adäquat. Sie mußte gestrichen werden, denn es wurde als degradierend empfunden, der König habe jemals seine Macht vom Volke erhalten, wo sie doch von Gott kommt (République de Bodin). Was müßte man nicht alles erzählen, wenn man alle mit dieser Vergötzung zusammenhängenden Dummheiten aufzählen wollte.

Die englischen Autoren sind da wesentlich nüchterner, hat man doch dort religiöse Vorurteile zugunsten der Freiheit wenigstens teilweise abgebaut.

Redet man nun dem Volke diesen autoritären Unsinn dauernd vor, so wird er schließlich geglaubt. Einfältige Väter wiederholen es treu und brav ihren Kindern, und diese respektieren blindlings die Vorurteile ihrer Väter. Am Ende glaubt jeder sich verpflichtet, sein Joch geduldig zu tragen. So werden also diese verlogenen und geschickt unterschobenen Redensarten der stärkste Rückhalt der Tyrannei. Denn niemals sind die Ketten der Sklaverei schwerer, als wenn sie von den Göttern selbst geschmiedet sind.

Die Fürsten schmuggeln ihre steigende Macht fast unmerklich in die Urkunden, in die Offizierspatente und in die Edikte. Als die französischen Könige die Legislative an sich rissen, ließen sie zunächst große Vorsicht walten, damit das Volk sich über diese neue Gepflogenheit nicht erregte. Ihre Verordnungen klangen zunächst mehr beratend und verhandelnd. Sie wiesen Vorteile nach und gaben Empfeh-

lungen. Mit dem Anwachsen der Autorität wurde dies dann mehr und mehr abgebaut. Man braucht nur ihre Erlasse von Philip August bis Ludwig XVI. zu verfolgen.
Heinrich VIII. veröffentlichte Broschüren, in denen die Geistlichen verpflichtet wurden, diese Doktrin vom absoluten Gehorsam gegen die Krone zu verbreiten. Wurde dagegen verstoßen, so hieß es das erste Mal: Zurücknahme, das zweite Mal: Reißig auf den Hinrichtungsplatz zu schleppen und beim dritten Mal, für Unverbesserliche: die Verbrennung bei lebendigem Leibe.
Jakob I. hielt nach Aufdeckung der Pulververschwörung im Parlament eine Rede: „Die Könige sind von Gott gesandt, und in dieser Eigenschaft bringen sie den Abglanz des Göttlichen auf die Erde."
Da dies alles manchen Fürsten noch immer nicht genügt, werden ihre selbstherrlichen Sentenzen dann auch noch auf Geld und Münzen geprägt, damit das Volk sie ständig vor Augen hat.
Wird das Volk jemals gegen dieses Unrecht aufbegehren? Die Staatsautorität wünscht unterwürfige Bürger und keine Richter. Sie will überkommene Mysterien nicht angetastet sehen. Sie befiehlt Gehorsam und Respekt.

Die Dummheit der Völker

Nicht nur die allzu ehrgeizigen Projekte, die finsteren Verschwörungen und Attentate der Fürsten sind es, die die Knechtschaft herbeiführen, sondern auch die Dummheit der Untertanen selbst reicht die Hand zur Errichtung des Despotismus. Sie lassen sich allesamt durch die Gewalt des Fürsten einschüchtern. Ich habe einige Venezianer in London gese-

hen, die vor Schrecken erbleichten, wenn ich meiner Entrüstung gegen die Tyrannei der Staatsinquisition Ausdruck gab. Der kleine Mann bildet sich ein, daß die Großen dieser Welt notwendigerweise auch große Seelen haben müßten und daß sie bei einer Missetat erröten müßten. Eine wahrhaft falsche Meinung, die den Despotismus gewaltig fördert.
Erläßt der Fürst wirklich eine gerechte Verordnung, so hat er sofort allgemeine Zustimmung und Achtung. Das Gemeinwohl ist das einzig legitime Ziel jeder Politik. Welches auch die Forderungen der Regierenden sein mögen, gegen diese höchste Voraussetzung muß alles andere außer Betracht bleiben. Die Völker sind jedoch bereit, lieber alles zu opfern, als notfalls auch mit Gewalt gegen einen Unrechtsstaat vorzugehen und sind nicht davon abzubringen, sich auf Gebete zu beschränken. *(Bonos imperatores voto expetere, qualesumque tolerare: sagt Tacitus, einer der größten Feinde der Tyrannei.)*
Welche Torheit! Eine ganze Nation seufzt unter dem Zwang – kaum jemand widerspricht. Bestraft aber eine ganze Nation einen Tyrannen, so erhebt sich großes Geschrei.
Die Mächtigen, Könige und Heerführer, sind das Objekt öffentlicher Bewunderung, sie werden blindlings verehrt. *Das Volk verachtet diejenigen, die es als gleichgestellt empfindet. Wenn sich Castellani und Nicolotti (aus Venedig R.S.) beleidigen wollten, so warfen sie sich vor, als Dogen einen Handwerker aus dem St. Nicolasviertel gehabt zu haben.* Anstatt sich über die fürstliche Verschwendungssucht zu empören, bewundert man mit Extase ebenso die Großartigkeit wie die Verrücktheiten. Außer dem Pomp respektiert das Volk bei den Fürsten auch noch die vornehme Geburt, großartige Haltung und die Schönheit.
Pippin der Kurze war klein. Folglich wurde er von seinen

Vasallen nicht immer voll respektiert, während die vornehme Haltung und Gestalt Ludwigs XIV. überall imponierte und Respekt erheischte. Die Schönheit Philips IV. machte ihn zum Idol der Castellaner. (Abr. Chron. hist. d'Esp.) Die Äthiopier wählten aus ihren Reihen immer den Schönsten zum König (Herodot, Thalie).

Diese oberflächlichen Trümpfe dienen im Staatswesen ebenso wie in der Liebe. Hat der Monarch dann noch Glück, so bringt dies zusätzliches Ansehen. Und wenn es auch nur Zufall war, jeder brillante Erfolg wird stets der Geschicklichkeit des Fürsten zugemessen.

Nach den triumphalen Siegen Pippins und Karl Martells hatten die Lehnsherren des Fränkischen Reiches eine so hohe Meinung von ihnen, daß ihre Bewunderung keine Grenzen mehr kannte.

Der Ruf, den sich Eduard III. durch die berühmte Schlacht von Cressy erworben hatte, führte zu seiner absoluten Herrschaft. Im übrigen waren die Engländer so von dem militärischen Ruhm Richards I. beeindruckt, daß sie ihn vergötterten, obwohl er sie unterjochte (Hovedan S. 735).

Törichtes Volk! An die Stelle von Lorbeerkränzen gehört Schande, und mit Trophäen behangene Türme müßten sich in ein Schaffot verwandeln.

Nichts unterstützt aber das fürstliche Prestige mehr als die übertriebene Bewunderung für hervorstechende Charakterzüge. Ist ein Fürst wachsam, fest, unternehmend, großartig – so genügt das schon. Im übrigen kann er Fehler und Laster haben, so viel er nur will.

Warum soll man denn die Fürsten nicht nach denselben Wertmaßstäben messen wie gewöhnliche Sterbliche? Wir betrachten die Taten und Amtshandlungen der Staatsmänner stets als kühn, großartig, außergewöhnlich; anstatt sie als gerecht, gut und angemessen anzusehen. Wir verzeihen ihnen den Wortbruch, Betrug, Verrat, die Grausamkeit und Barberei. Was sage ich: Wir beweihräuchern ihren Wahnsinn, anstatt uns darüber zu empören. Wir feiern ihre Missetaten, anstatt sie mit Verachtung zu strafen. Blind wie wir sind, werden sie von uns noch gekrönt für Schandtaten, die wir mit höchster Strafe belegen müßten.

Welcher vernünftige Mensch könnte sich nicht eines mitleidigen Lächelns erwehren oder Mitgefühl haben mit der beweinenswerten Verblendung, die zutage tritt, wenn man eine Menge erschöpfter, halb verhungerter, zerlumpter Leute sieht, die in Holzschuhen um ein Freudenfeuer herumtanzen, um Siege zu feiern. Siege, die nicht die ihrigen sind, sondern diejenigen ihres großen Monarchen.

Lassen wir die Lobreden auf Alexander, Cäsar und Karl V. beiseite, und beschränken wir uns unter vielen anderen Beispielen der Geschichte auf Ludwig XIV., diesen herrlichen Schauspieler, den Legionen von Höflingen, Dichtern und Rednern bis zum absoluten Überdruß gelobt haben, daß es einem vernünftigen Menschen grausen muß. Anstatt das Glück des Volkes vor Augen zu haben, kam es ihm nur darauf an, daß von ihm und seinem Ruhm gesprochen wurde. Eine bejammernswerte Manie, der das Königreich wieder und wieder geopfert wurde.

Anstatt die Staatseinnahmen vernünftig zu verwalten, wurden sie an Günstlinge, Diener und Mätressen verschwendet. War er nicht gerade mit Festlichkeiten und Schauspielen beschäftigt, so verpraßte er das Geld für Wasserspiele und Paläste. Die Natur wurde vergewaltigt und Berge wurden versetzt. Anstatt die Bevölkerung in Frieden die Früchte ihrer Arbeit genießen zu lassen, opferte er seinem Eroberungswahn ihr Wohlergehen und Leben. Während er um

neue Ruhmestaten verhandelte, ließ er sie inmitten seiner Siege in Hunger und Elend verkommen.
Was sage ich? Um seine Launen und seinen Stolz zu befriedigen, verbrauchte er nicht nur die vorhandenen Mittel, sondern er ruinierte auch die Aussichten auf kommende Jahre.
Bei seinem Tod hinterließ er Staatsschulden in Höhe von viereinhalb Milliarden Livres. Während seiner Regierung waren 18 Milliarden verbraucht worden, was etwa 380 Millionen jährlich entspricht. Die Einnahmen unter Colbert waren aber jährlich nur 117 Millionen. Alles andere ging auf Pump, wertlose Creditpapiere, überzogene Anleihen, Ämterverkauf und tausend andere Spekulationsgeschäfte.
Man schaue ihn doch an in der Gloriole des Kommandeurs, der sich nicht scheute, die Tyrannei gegen seine eigenen Untertanen unter Einsatz einer brutalen Soldateska anzuwenden (die Dragonaden gegen die Hugenotten R. S.). Wohl hat er dem Staat einige protzige Prunkbauten hinterlassen, die man bis heute bewundert. Aber, denkt man ein wenig darüber nach, so hätten die dafür aufgewendeten Summen auf andere Weise dem Volke viel mehr genützt. Für einige gebrechliche Soldaten, die in den „invalides" ernährt wurden, mußte die Masse der Arbeiter betteln gehen. Mit dem ihnen weggenommenen Geld hätten ihre Felder kultiviert, ihre Erbteile verbessert und ihre Existenz gesichert werden können.
Damit einige Müßiggänger in den weitläufigen Gärten seines Palastes die Zeit totschlagen konnten, mußten Unmengen von Arbeitern in Hütten hausen, die man kaum einem Hund hätte anbieten mögen; ganz zu schweigen von tausenden von Handlangern und Hilfsarbeitern, die bei den Bauarbeiten und im sumpfigen Gelände umgekommen sind.

Jawohl, er hat den Handel, die Künste und Wissenschaften gefördert, aber was sind diese oberflächlichen Vorteile verglichen mit dem Elend, das er verursacht hat und dem Blut, das für seine Verrücktheit geflossen ist? Was ist das verglichen mit der Belastung, riesige Armeen unter Waffen zu halten? Dieser Wahnsinn hat übrigens auf alle Staaten übergegriffen, und er wird eines Tages den Ruin von ganz Europa verursachen (‚manie qui causera enfin la ruine de l'Europe entière').

Die Könige sind es so gewohnt, bei sämtlichen Dispositionen nur an sich zu denken – was die Hauptursache der Mißstände ist –, daß man gar nicht genug bestrebt sein kann, ihnen die Lust daran zu nehmen.

Der wahre Ruhm der Fürsten darf einzig und allein der sein, die Gesetze regieren zu lassen, den Frieden zu erhalten, für Wohlstand zu sorgen und ihre Völker glücklich zu machen. Zum Unglück der Menschheit legen jedoch diejenigen, die regieren, auf diese Ehre nicht den geringsten Wert.

Müssen wir so dumm sein, daß diese Laster auf unsere Kosten noch nicht genügen? Brauchen wir noch eine völlig sinnlose Bewunderung für ihre Torheiten, um unsere Fesseln nur noch schwerer zu machen?

Sinnlose Vorurteile

Man weiß also nicht, worüber man mehr erstaunt sein soll, über die Perfidie der Fürsten oder die Einfältigkeit der Völker. Der kleine Mann verehrt nicht den Verdienst am Staat, sondern die Macht, ja, er verachtet sogar die Monarchen, die nicht unabhängig sind, und er kriecht vor den Despoten.

Der römische Senat wurde nicht mehr respektiert, als seine Macht geteilt wurde.

Der Zar regiert sein Land mit unerhörter Strenge. Er ist Herr über Leben und Tod, sein Wille ist unwiderruflich und höchste Instanz. Diese grenzenlose Autorität jedoch ist seinen Untertanen nicht etwa verhaßt, sondern scheint im Gegenteil ganz nach ihrem Geschmack zu sein. Je mehr Macht ihr Fürst hat, desto mehr glauben sie an seine Göttlichkeit. Fragt man einen Russen über eine ihm unbekannte Sache, so antwortet er prompt: Nur Gott und der Zar kann es wissen.

König zu sein und sich den Weisheiten anderer zu fügen, das ist ihm ein lächerlicher Widerspruch; der Exzeß der Macht – das ist es, was bewundert wird.

Ist ein König nicht allmächtig, so spöttelt man „gekrönter Sklave".

Nur wenn das Volk die Knute zu spüren bekommt, dann beginnt es mit seiner Verehrung. Einem Despoten zu unterstehen, warum schließlich nicht? Staatsaffären diskutieren? Aber das hieße doch Staatsgeheimnisse ausplaudern. Als Folge bleibt nur blinder Gehorsam gegenüber den Regierungsbefehlen. Die Minister sind vom König ernannt, folglich hat niemand das Recht, sich ihnen zu widersetzen.

Ist die begrenzte Macht der englischen Könige nicht ein unerschöpfliches Kapitel für leichtfertige Späße? Sogar die Engländer selbst nehmen daran teil.

Ruhm bedeutet Abhängigkeit, und diese wird wiederum als notwendige, bedingungslose Königstreue interpretiert. Mit solchen unsinnigen Leitsprüchen wird die Freiheit zerstört!

Die Kastilianer sind ihrem König sklavisch ergeben. Als Kaiser Joseph den Philip V. entthronen wollte und den Erzherzog ausrufen ließ, reagierte niemand. Im Gegenteil: Bürger und Bauern schlugen die Soldaten tot, die solches forderten. Die Chirurgen vergifteten die Verwundeten in den Hospitälern, die Kurtisanen infizierten absichtlich die Sieger, die Bischöfe stell-

ten sich an die Spitze der Geistlichkeit. Alles, auch die Frauen, kam seinem König zu Hilfe und schlug sich für ihn wie die Teufel. (Abr. chr. de l'hist. d'Esp).
Wohin soll dieser Stumpfsinn des Volkes noch führen? Es bereitet körperlichen Schmerz, diese Verirrung des menschlichen Geistes zu sehen. Man könnte glauben, es nicht mehr mit Menschen, sondern mit Automaten oder Zwangsarbeitern zu tun zu haben.
Ein Ausfluß der allerschlimmsten Tyrannei und Willkür war das berüchtigte Inquisitionsgericht. Ein Schandmal der Bösartigkeit, des Verrats und der Barbarei gegenüber Unschuldigen. Höllenqualen wurden gegen die Opfer angewendet. Jedermann hätte darüber mit Abscheu erfüllt sein müssen. Weit gefehlt: Nach der Einnahme von Barcelona stimmten die Einwohner dafür, die Inquisition beizubehalten.

Lächerliche Eitelkeit der Völker

Sie ist gleichfalls eine Stütze der Autorität. Der Tod des Despoten, so sollte man meinen, wäre endlich die Gelegenheit, Vergeltung zu üben und die wahren Gefühle zu zeigen. Aber, anstatt Freudengesänge anzustimmen wird Trauer getragen, als ob man bei Hofe wäre. Bringt man solche Ehre schon einem Tiberius, einem Ludwig XI. oder Heinrich II. entgegen, was hätte man dann erst für Mark Aurel, Titus oder Trajan tun müssen? Man hat sich damit des einzigen Mittels begeben, das Andenken eines tugendhaften Fürsten zu ehren und andererseits dem Thronfolger eine gewisse Warnung zukommen zu lassen. Auch die Wertbegriffe sind so verloren gegangen.

Beim Verlust eines Fürsten, der nur salbaderte – kein Lachen und keine Feste mehr, für den Tod des Helden und Volkswohltäters nichts dergleichen. Sogar beim Tode fremder Fürsten wird eine Trauer manifestiert, die man für Brand, Hunger und Seuchen aufbewahren sollte.
Für den Verlust eines Helden, eines Wohltäters des Vaterlandes dagegen, der das Land unter Einsatz seines Lebens verteidigt hat, der eine Leuchte seiner Zeit gewesen ist und dessen Tugenden offenbar waren: Hier gibt es keinerlei Schmerzbekundungen, die Feste gehen weiter, und alles bleibt guter Stimmung. Was sage ich? Kommt ein verbündeter Fürst zu Tode, so ahmt man seinen Hof nach und trägt Trauer.
Durch diesen servilen Geist dringt die Tyrannei bis in unsere Herzen: Wir müssen weinen, wenn sie weinen und lachen, wenn sie lachen. Der Fürst ist alles, der Staat ist nichts mehr.

Wie man die höchste Macht an sich reißt

Wenn die Fürsten bis dahin gelangt sind, so führen sie ihr frevelhaftes Werk auch zu Ende. Sie ruhen nicht eher, bis sie ihre Untertanen versklavt und sich selbst zum Herrn und Meister aufgeschwungen haben.
In allen Ländern, wo die Aktivität der gesetzgebenden Gewalt von der Exekutive abhängig ist, ist der Gesetzgeber gehalten, nur auf Befehl hervorzutreten. Um diesen zu blockieren, genügt es, ihn nicht mehr zusammenzurufen. Ist er erst in Vergessenheit geraten, dann überträgt der Fürst dessen Funktionen auf sich selbst. Er gibt ein Edikt heraus, zunächst über Unbedeutendes, dann über ernste Dinge und schließlich über Wichtiges. Dieser Anschlag wird wiederholt

und gewöhnt so nach und nach das Volk an den Wechsel der Autorität und schließlich findet er sich mit der gewaltigen Macht ausgestattet, die Gesetze selbst zu machen.
So haben die französischen Könige die Macht an sich gerissen. Am Beginn der Monarchie war die königliche Autorität auf dic Exekutive beschränkt. Die höchste Gewalt war bei der Nationalversammlung, wo jeder freie Mann das Recht hatte, zu assistieren. Diese Macht erstreckte sich auf jeden Zweig der Regierung: Wahl des Fürsten, Unterstützungsgelder, Gesetzgebung, Beschwerden, Urteile letzter Instanz. All dies gehörte zu ihrem Ressort. Da also alles, was das öffentliche Wohl anging, von diesen Versammlungen abhing, konnte der König nur zustimmen, nicht aber ablehnen. So hielt man es unter der Regierung der ersten Dynastie unter den Franken.
Die Kapitularien bezogen sich auf die Politik und auf Wirtschaftliches, die meisten auf kirchliche Fragen und einige auf Zivilrechtliches. Man beachte nur den Schwur, den Ludwig der Stammler bei seiner Inthronisierung geleistet hat. Er begann so: Ich, Ludwig, König von Gottes Gnaden und durch die Wahl des Volkes, verspreche ....
Clotaire II. sagte: Die Versammlungen werden einberufen, damit alles, was die öffentliche Sicherheit anbelangt, gemeinsam beschlossen werde. Was auch immer der Beschluß sei, ich richte mich danach. (Amoinus: de gestis Francorum, lib. IV; Bouquet recueil III, cap 115). Man beachte auch die Kapitularien Karls des Kahlen von 822 bis 857.

Es kam also dem Fürsten zu, die Versammlungen einzuberufen. Da er aber Hilfsgelder nur selten benötigte, berief er sie nur bei kritischer Lage ein. Sie regelmäßig abzuhalten, war nicht Gegenstand der Verfassung. Um also die Macht dieser Versammlungen zu annulieren, genügte es, ihre Einberufung mit Sorgfalt zu vermeiden.

Hatte man diesen Brauch also lange genug unterbunden, so eigneten die Könige sich diese Macht an. Sie übten sie zuerst mit viel Zurückhaltung und allen erdenklichen Vorsichtsmaßnahmen aus, damit die Völker nur ja nichts davon merkten. Nach Möglichkeit wurde die neue Macht noch verborgen, aber dennoch wurden bereits neue Verfügungen veröffentlicht; allerdings nicht mit autoritärem, sondern mit verpflichtendem Ton. Sie schienen mit ihren Untertanen zu verhandeln, sie legten dar, was am besten zu tun sei und schlugen ihnen vor, diesen Ratschlägen zu folgen.
In dem Maße, wie die Krone ihre Macht ausdehnte, ging man von der Zurückhaltung zur Anmaßung über.
In den autoritären Staaten hat die Legislative ohnehin nur noch zu reden, wenn sie gefragt wird. Ist sie durch Nichteinberufung etwas in Vergessenheit geraten, so übernimmt der Fürst nach und nach ihre Funktionen. Zunächst bei Geringfügigkeiten, dann für ernste Dinge und schließlich für die entscheidenden. Das Volks wird langsam daran gewöhnt, und schon besitzt er die furchtbare Gewalt, beliebige Gestze machen zu können.
So haben sich die französischen Könige ihre Souveränität angeeignet. Die höchste Gewalt war jedoch zunächst bei der Nationalversammlung.
Die Annalen der Franken beschreiben den Personenkreis, der 788 zusammenkam wie folgt: In placito Jugelheimensis conveniunt pontifices, majores, minores, sacerdotes, reguli, duces, comites, prefecti, cives, oppidani. (Sorberus, art. 304). Die dabei beschlossenen Gesetze bezogen sich auf Politik, Wirtschaft und Geistlichkeit.
Die Könige dieser Epoche konnten den Beschlüssen nur zustimmen, nicht einmal sie ablehnen. Dies ist auch nachzulesen in den Kapitularien Karls des Kahlen von 822–857.

Unter den letzten Abkömmlingen Karls des Großen ging, wie ich schon berichtet habe, die Autorität durch Aufteilung immer weiter zurück. Zu dieser Zeit ließ die Nationalversammlung, da sie den Staat nicht mehr als ganzes betrachten konnte, die Legislative sozusagen ruhen. Unter den Nachkommen von Hugo Capet beschränkten sie sich darauf, Hilfsgelder zu bestimmen und den Thronerben zu wählen, sofern der König dies nicht testamentarisch festgelegt hatte.
Um die Mitte des 15. Jahrhunderts war es dann so weit: Jetzt begannen die Könige, sich als Herren aufzuspielen. Die ersten Gesamtbeschlüsse erschienen unter Philip August 1190. Die Verehrung, die dieser König genoß, trug nicht wenig dazu bei, daß diese Art der Machtübernahme von der Nation ohne Aufhebens hingenommen wurde. Als dann Karl VII. und Ludwig XI. sich daran machten, diese noch wie zufällig wirkenden Befehle planmäßig zu übernehmen, war alles schon so gut vorbereitet, daß kaum dagegen gemurrt wurde. Mit der Zeit fand man es selbstverständlich.
Da Hilfsgelder benötigt wurden, versammelt Charles I. endlich das Parlament. Er trifft jedoch auf starke Opposition im Unterhaus und löst es bald wieder auf. Das Volk murrt. Charles versucht, die vorzeitige Auflösung zu motivieren, indem er sie auf Machenschaften im Unterhaus zurückführt.
„Man möge Bittschriften an seine Heilige Majestät einreichen, man werde Beanstandungen berücksichtigen und zwar in solcher Weise, daß die Gerechtigkeitsliebe des Herrschers und die zärtliche Zuneigung, die er seinem Volk heute und immerdar bezeigen werde, für jedermann offenbar sei."
Dieser Fürst ließ dann nichts unversucht, um seine Herrschaft zu einer absoluten zu machen. Im allgemeinen Durcheinander wühlende Intriganten stellte er in seinen Dienst und ließ die Maske fallen. Um die Nation als solche zu

beschwichtigen, ließ er bekanntgeben, im Unterhaus herrsche der Geist des Aufruhrs, der in eine Willkürherrschaft und den Sturz der Monarchie ausmünden müsse, sofern man die Dinge weiter so treiben lassen würde.
Und heute ist die Idee, daß einzig und allein der König das Recht habe, Gesetze zu erlassen, in Frankreich so tief verwurzelt, daß jede gegenteilige Behauptung als Paradoxon erscheinen müßte. *Es ist nicht zu vergessen, daß dieses Werk 1774 veröffentlicht wurde.*

Der Staatsstreich

Vergleichbar einem Strom, der langsam die ihn einengenden Dämme unterspült und plötzlich durchbricht, so wirft auch die exekutive Gewalt schließlich alle Einschränkungen ab. Dabei ist man in der Wahl der Mittel keineswegs wählerisch.
„Gerechtigkeit, Ehrlichkeit und Tugend sind gut für normale Menschen", so sagen die Anstifter des Despotismus. Die Monarchen haben sich nach ganz anderen Prinzipien zu richten. Um den Thron zu besteigen, ist alles erlaubt. Hat man ihn erreicht, so muß man alles opfern, um ihn noch zusätzlich zu festigen. Man braucht weder Wort zu halten, noch Blutvergießen zu vermeiden.
Solche schauerlichen Lektionen werden zur Politik erhoben, und diese unheilvollen Leitsprüche haben dann auch das hervorgebracht, was man mit dem Namen Staatsstreich bezeichnet. Man kann nicht umhin, diesen Begriff durch die Historie noch etwas zu verfolgen:
Pisistratos hatte von den Athenern 50 mit Stöcken bewaffnete Männer als Leibgarde erhalten. Er bewaffnete sie voll-

ständig und benutzte sie dazu, seine Meister zu unterwerfen. Um sich der Regierung von Syrakus zu bemächtigen, berief Agatokles eine Senatssitzung ein. Dort ließ er durch seine Garde alle Senatoren und die bedeutendsten Bürger ermorden. Dann bestieg er den Thron.

Um mit einem Schlag die Macht der vornehmen Neapolitaner zu brechen und sich die Alleinherrschaft zu sichern, ließ Alfons, Sohn des Ferdinand, die mächtigsten Barone ermorden. *(Giannone, Geschichte Neapels, 28. Bd. Kap. 2).*

Cesare Borgia will die Romagna völlig unterwerfen und schickt deshalb Renaro Dorca dorthin, damit sich dieser aller Opponenten entledige. Dann aber kamen ihm Bedenken, er könne durch die begangenen Grausamkeiten vielleicht selbst zu unpopulär werden. Um also die Geister zu beruhigen, fügt dieser Bruder der Lucretia zur Grausamkeit auch noch die Scheinheiligkeit, mißbilligt öffentlich das Verhalten seines Ministers und läßt ihn auf dem Marktplatz in Stücke zerreißen. *(August Niphus, De regnandi periti, Bd. 3, Cap. 9).*

Ich muß es mit aller Zerknirschtheit noch einmal sagen: Es ist eine Schande für die Menschheit, daß sie fast nie von Weisen, sondern immer von Dummköpfen, Verrückten und Verbrechern regiert wird.

Die Venetianer waren der langen und tyrannischen Herrschaft ihrer Fürsten überdrüssig geworden und übernahmen 1171 die Zügel der Regierung. Sie wählten zwar weiterhin einen Dogen, aber sie engten seine Autorität so stark ein, daß er praktisch nur noch den Titel besaß. Die höchste Macht war also beim Volk. Immerhin, eine völlige Regellosigkeit, einen Kampf aller gegen alle. konnte man nun aber doch nicht brauchen (ne pouvait avoir lieu). Sie, die Macht, wurde also einem Rat übertragen, der aus 470 Bürgern bestand, die von 42 Wählern ernannt waren. Damit jeder an die

Reihe kam, wurde jedes Jahr am St. Michaelstag gewechselt. Die Autorität dieses Rates war unbegrenzt.

Ist der Souverän durch Repräsentanten vertreten, so ist die Freiheit schon gefährdet. Wie hält es hier nun die englische Verfassung? Die Abgeordneten des Volkes sind die Wächter seiner Rechte. Sie müssen diese stets und immer verteidigen, niemals dürfen sie sie einengen!

Sind diese Abgeordneten erst einmal ernannt, so nehmen sie ihren Platz im Senat ein. Und anstatt die Verfassung zu verteidigen, halten sie sich für deren Schiedsrichter. So wurde sie mehr als einmal geändert.

Ein Grundsatz war, daß die Parlamentssitzung zumindest einmal pro Jahr abgehalten wurde. Unter der Regierung Eduards I. wurde dieses Gesetz geändert. Unter Heinrich VIII. kam die Verlängerung auf 7 Jahre, unter Charles II. auf 3 Jahre. Dann ging man auf 7 Jahre zurück. Mit all dem überschritt das Parlament seine Rechte.

Den Wahlturnus hat das Volk und nur das Volk zu bestimmen!

Denn, man beachte diese Konsequenz: Haben die Volksvertreter erst einmal das Recht, ihre Amtszeit auf 3, 5 oder 7 Jahre zu bestimmen, warum sollten sie sie nicht eines Tages auf 10, 20, 30 Jahre, oder gar auf Lebenszeit ausdehnen, ja, sie sogar erblich machen. Und gerade das wäre wiederum der erste Schritt, um die Nation zu unterdrücken.

Die finsteren Konsequenzen solchen Mißbrauches haben sich die Engländer noch nie richtig klar gemacht. Die Abgeordneten sollen für das öffentliche Wohl arbeiten, aber nicht an die Grundzüge der Verfassung rühren — es sei denn — das Volk würde in seiner Gesamtheit befragt. Dieses vorerwähnte Recht muß beim Volke verbleiben, davon hängt Freiheit oder Sklaverei ab!

Die Opfer, die für die Freiheit bereits gebracht worden sind, dürfen auf keinen Fall umsonst gewesen sein.
Ich sage noch nicht einmal, daß der Gestzgeber die unbedingte Absicht habe, seine Macht zu mißbrauchen. Aber schon die Tatsache, daß er es kann, wenn er es will, das heißt, daß er sich ungestraft zum Tyrannen erheben kann, wäre für das Gemeinwohl unerträglich.
Deshalb wiederhole ich: Wenn das englische Volk nicht endlich die Machtbefugnisse seiner Abgeordneten begrenzt, ist seine Freiheit in großer Gefahr.
Aber was soll man tun, wird einer fragen. Dies ist nicht allzuschwierig, wenn es den Bürgern gelingt, sich einig zu werden. Dann werden ihre Anstrengungen stets von Erfolg gekrönt sein.
Heute, da das Volk nicht mehr durch Aberglauben geteilt ist, sollte es unbedingt mit Gewalt einschreiten, wenn ihm sein Recht auf Amtszeitbestimmung geschmälert werden sollte. Hier wäre der Aufruhr legitim! (C'est le cas d'une insurrection légitime).
Verursacht durch diese Nachlässigkeit sah sich das Volk alsbald von seinen eigenen Vertretern unterjocht. Unter dem Vorwand, Mißstände abstellen zu wollen, änderte der Doge Pierre Gradenigo das gesamte Regierungskonzept. Er machte die Mitgliedschaft im Großrat erblich. Die Staatsverwaltung wurde so in die Hände der Vertreter übergeben. *Den Staatsstreich nennen die Venetianer ‚il serrar del consiglio, Contarini, hist. Venet. lib 7).*
Das englische Parlament hat sich das Recht angemaßt, über alles zu entscheiden; ein Recht, das nur dem Volke zukommt. Wird an der Verfassung etwas geändert, so haben die Abgeordneten die absolute Pflicht, das Volk zu befragen. Von diesem Punkt hängt für die Nation alles ab: Freiheit

oder Versklavung. Ist die Macht der Abgeordneten nicht begrenzt, so ist die Freiheit nicht gefestigt.
Als Cromwell von seinem siegreichen Feldzug aus Schottland heimkehrte, zog er, wie ich schon erwähnte, im Triumph in London ein. Bald paktiert er mit den Royalisten, dann gewinnt er die Presbyterianer durch seinen tugendhaften Lebenswandel. Die Bigotten verführt er, indem er gegen die Vernachlässigung der Religion wettert, die Armee umschmeichelt er, indem er ihren Widerwillen gegen das Parlament fördert. Schließlich empfiehlt er Neuwahlen. Seine Kreaturen schleust er in sämtliche militärischen und zivilen Stellen, er treibt die Unzufriedenen zur Revolte. Schließlich löst er das Parlament mit Hilfe seiner ergebenen Truppen auf. Danach ließ er ein neues wählen. Als dieses noch nicht devot genug war, befahl er den ihm Ergebenen gegen ihre Kollegen Front zu machen. Am Ende übernahm er die höchste Gewalt im Staat unter dem Begriff Protektorat.
Mit Beute beladen kehrt Perikles unter öffentlichem Beifall zurück. Die Bürger huldigen ihm mit Begeisterung; er seinerseits verwöhnt sie mit Wohltaten, veranstaltet Schauspiele und Festlichkeiten. In diesem allgemeinen Freudentaumel kann man ihm doch nichts verweigern. . . Da läßt er sich durch seine Kreaturen zum Souverän ausrufen, das Volk muß ihm die uneingeschränkte Gewalt zugestehen. Ich stelle fest: Eine Machtergreifung aus Respekt vor dem Erfolg.
Auch Karl XI. von Schweden war fest entschlossen, sich die absolute Macht zu verschaffen und ließ sich dazu Dragonerregimenter unter fremden Offizieren kommen. Ihnen verlieh er großzügig den Barontitel, um sie auf seine Seite zu ziehen.

Claudius Flemming wurde als erster Sprecher ernannt. Zwei Männer, die seiner Arroganz in nichts nachstanden, kamen dazu. Vachmeister wurde der Gehilfe von Flemming. Zusammen mit seinem Bruder und anderen Rednern konnten die Gegner in beiden Kammern unterdrückt werden. Kein Wort konnten die Gegner mehr vorbringen, nur ihre Wahlstimmen durften sie abgeben. Um gekaufte Stimmen allgemeingültig zu machen, wurde sogar auf schriftliche Niederlegung und Stimmauszählung verzichtet. Eine ungeheuerliche Angelegenheit. Als solchermaßen die Autorität des Senates unterminiert war, warf er ihn schließlich völlig durcheinander.
Cenut Kurch äußerte auf seine Veranlassung, daß der Senat ein Mittler zwischen dem König und den Ständen sei, der nicht nur den König an seine Pflichten, sondern auch die Untertanen an ihre Treue gegenüber dem Fürsten zu erinnern habe. Diesem Komitee blieb nichts anderes übrig als der Beschluß, der König habe den Staat nach den Richtlinien des Senates zu regieren. Die Mittlerrolle wurde aufgehoben. Karl bestätigte diese Entschließung durch ein Edikt, in welchem er erklärte, daß er die Verfassungsgesetze absolut anerkennen würde, aber daß er dennoch oberster Richter über die ihm vorgelegten Angelegenheiten sei. So mußten die Senatoren ohne Widerrede ihre Machtlosigkeit hinnehmen. Mit seiner Hilfe und gedungenen Leuten wurden die anders gesinnten Abgeordneten niedergeschrien und dazu gezwungen, ihr Stimmrecht herzugeben. Dann ließ er eine neue Verordnung verkünden, daß die „Untertanen zur Loyalität gegen den König gezwungen werden könnten und daß die Senatoren nicht von sich aus eine Befehlsgewalt im Königreich hätten." Im übrigen bestand er auf seinem Recht, der allein Entscheidende in allen Angelegenheiten zu sein. Die

Abgeordneten konnten keinen Widerstand leisten. Auch Gustav III. benutzte seine Leibgarde, um an deren Spitze das Parlament mit Gewalt aufzulösen.
Während einer Versammlung beklagt sich Gustav III. über den Mangel an Respekt seitens des Magistrats. Und dann marschiert er an der Spitze dieser Soldateska, läßt Verhaftungen vornehmen, läßt Leute von ihren Posten entfernen, belohnt seine Parteigänger und Offiziere, zieht Truppen zusammen, ermahnt seine Untertanen zum Gehorsam – und bleibt friedlicher Besitzer der Souveränität.
Dieses Ereignis war umso erstaunlicher, als seit dem Tod Karls XII. Schweden völlig von den Ständen beherrscht und die Rechte der Krone praktisch auf reine Repräsentation reduziert war.
Man behauptet, es seien Senatoren von ausländischen Mächten bestochen worden, und das mit Recht.
Erweisen sich schon gar die Volksvertreter als des Volkes unwürdig, dann ist es bis zur Unterwerfung nur noch ein Schritt.

Gewaltmaßnahmen

In Anbetracht solcher Machenschaften, erheben sich nun die Bürger?
Der König braucht unterwürfige Untertanen und keine Kontrolleure. Er setzt Truppen in Marsch und reichen diese nicht aus, so bittet er um solche bei seinen Nachbarn. Es gibt eine stillschweigende Übereinkunft unter den Königen, sich im Fall des Aufruhrs gegenseitig zu helfen.
Als die Engländer Karl I. zur Enthauptung verurteilt hatten, erwogen alle europäischen Fürsten, sich zusammen zu schließen, um ihre Autorität, die sie durch dieses Urteil weltweit in Gefahr sahen, zu rächen.

Als die Protestanten sich gegen die Tyrannei Karls XI. erhoben, bot Philip II. diesem Waffenhilfe an.
Der aus England geflohene Jakob II. erhielt Hilfe von Ludwig XIV. Sogar Karl II. von Spanien sollte diesem Komplott noch beitreten, um die gemeinsame Sache der Könige zu rächen.
Er ermahnt seine Untertanen, sich zu unterwerfen, er droht Gewalt an, er läßt verlauten, jedermann habe sich den Gesetzen zu unterwerfen. Es ist immer dasselbe: Nach der List kommt die Gewalt.
Endlich hat die Obrigkeit dargetan, daß ihr Wille Gesetz zu sein hat, das Volk gehorcht ohne Widerspruch, und seine Gelehrigkeit geht in Kriecherei über. Der Fürst aber behandelt dieses Volk zunächst wie Dummköpfe und danach als aufrührerische Sklaven.
Der Wandel der Macht zum Despotismus, die letzten Anstrengungen der Freiheitsliebenden – ein erniedrigendes und scheußliches Schauspiel – die Völker drängen zur Freiheit, und nur die nackte Todesangst schlägt sie zurück.

Kanzleramt und Etikette

Daß die Fürsten die Ignoranz fördern, ist bekannt. Wozu sollen auch die Untertanen sich Gedanken darüber machen, wie alles gekommen ist?
Nicht das Wissen und der Fortschritt, sondern die Ignoranz werden gefördert. Je weniger die Völker über die Geschichte wissen, desto mehr fördern sie durch ihre Ignoranz den Despotismus.

Der Fürst ist von der Nation eingesetzt, um den Staat zu verteidigen, deshalb wird er bei der Krönung mit dem Schwert umgürtet.
Als Wahrzeichen der Gerechtigkeit trägt man vor ihm das Schwert. Von seinen Kreaturen aber wird es umgedeutet als Symbol absoluter Herrschaft.
Vor der Pairskammer sagte Sergeant Ashlexy, um die Attentate Karls I. zu rechtfertigen: Die Könige sind die Kinder des Allerhöchsten. Er hat ihnen das Zepter als Sinnbild ihrer Macht und das Schwert für die ausübende Gewalt gegeben. Eine Krone hat er noch hinzugefügt. Sie ist das Zeichen der Würde.
Es ist ein großer Fehler in der Verfassung, daß das Volk kein legales Mittel hat, den Fürsten zur Rechenschaft und Aufdeckung etwaiger Amtsunterschlagung zu zwingen. Wenn die Gesetze gerade von denen verletzt werden, die zu ihrer Beachtung eingesetzt sind, so muß jeder Bürger das Recht haben, seine Beschwerde vorbringen und durchsetzen zu können.
Aber – wie sind doch diese Wendungen, die die Untertanen in ihren Eingaben und Bittschriften anzuwenden haben, in übertriebener Weise respektvoll! Diese gewundenen Ausdrücke beweisen Unterwürfigkeit, wo sie eine Rechtsforderung unterstreichen sollten. Spricht aber der Fürst, so stellt man fest, daß schon der Ton und die Ausdrucksweise allein die Ausprägung des Absolutismus darstellen. Zu diesen Ausdrücken der Machtvollkommenheit kommt dann noch die gedrechselte Ausdrucksweise des Kanzleramtes und der Ämter schlechthin.

Dieser Fehler beweist, daß keine Nation noch jemals glücklich genug gewesen wäre, sich eine freie Verfassung zu geben. Er beweist ferner, daß man ständig gegen die Tyrannei zu kämpfen hatte, um wenigstens das eine oder andere Recht dem Despoten zu entreißen.

Den alten Stil der königlichen Befehle beschreibt Legendre in seiner Abhandlung über Meinung, Buch 5, Kap. 1. An Stelle der Worte: Denn das ist unser Vergnügen (Tel est notre bon plaisir) findet man in alten Erlassen: So haben wir es befohlen und so soll es geschehen.

Hier ist der letzte Grad von Sklaventum im sprachlichen Ausdruck erreicht. „Allertreuester Diener, Allerergebenste, Alleruntertänigste“ empfehlen sich da der „geheiligten Majestät“ in einer Weise, die völlig falsche Begriffe vermitteln, und die traurigerweise bis zum heutigen Tag nachgebetet werden.

Durch all dies wird noch einmal unterstrichen, daß die Völker keinerlei Rechte gegen die königliche Allmacht haben und daß jede, auch die kleinste Bewilligung eine reine Gnade seitens des Fürsten bedeutet. Auch durch das Niederknien wird zusätzlich manifestiert, daß die Untertanen Sklaven sind. Diese absurde Logik herrscht überall.

Und natürlich auch bei uns. Aber anstatt dieser absurden Kommentare haben wir heute gesunde Ideen über fürstliche Autorität. Dies ist ganz ohne Zweifel einer der Hauptgründe unserer Freiheit.

Das Volk schmiedet seine Ketten

Nicht genug, daß das Volk sich in Ketten legen läßt, es bietet sich auch noch dazu an. Wenn solch ein Schurke sein Vertrauen gewinnt, dann kann er mit diesem Volk machen, was er will. Er stößt es, führt es, feuert Leidenschaften an, ganz nach Belieben.

Nachdem Antonius dem Leichenbegängnis Cäsars beigewohnt hatte, stieg er auf die Tribüne und putschte das Volk auf, indem er ihm die blutüberströmte Tunika des Kaisers zeigte. Und tatsächlich, dieses läuft mit brennenden Fackeln zu den Häusern des Cassius und Brutus, um alles in Flammen aufgehen zu lassen.

Nicht genug, der Spielball der Schurken zu sein, das Volk schmiedet seine Fesseln selbst.

Zwar hat in einem freien Staat jeder Bürger das Recht, einen andern anzuklagen. Man richtet seinen blinden Eifer aber auch auf diejenigen, die die Freiheit verteidigt haben. Timoleon war von einigen Rednern wegen Staatsverbrechen angeklagt. Als er vor Gericht erschien, wollte das Volk seine Ankläger in Stücke reißen. *(Plutarch, Leben des Timoleon.)*

Soll die Freiheit erhalten bleiben, so darf das Volk niemals zulassen, daß Gesetze umgangen werden. Aber – zuweilen sind die Untertanen selbst die ersten, die sie nicht angewendet wissen wollen, sofern es sich nämlich um jemanden handelt, den sie verehren.

Zaleukos, der Gesetzgeber der Lokrer hatte gerade ein sehr strenges Gesetz gegen den Ehebruch erlassen. Bald danach wird sein eigener Sohn dieses Verbrechens überführt. Das Volk war von der sich daraus ergebenden Konfliktsituation des Vaters so stark berührt, daß es den Beschuldigten unbedingt begnadigt wissen wollte.

Messala hatte vorgeschlagen, daß der Senat jedes Jahr seinen Treueschwur an Tiberius wiederholen sollte.
Wenn es sich um öffentliches Interesse handelt, so nehme ich nur Rat von mir selbst an. *(Ann. des Tacitus.)*

Claudius wagte nicht, offen seine Heirat mit Agrippina, seiner Nichte zu feiern, handelte es sich doch um eine bei den Römern unerlaubte Verbindung. Das römische Volk jedoch wünschte, ja erzwang vom Kaiser die Heirat.
Der Feldherr Gallus wurde unter Hinzufügung eines Geschenkes von dreitausend Sesterzen zum Prätor ernannt. Auch hier verlangte das Volk, daß er diese Ehre nicht zurückwies. Und zu allem Überfluß wurde diese Ehrenernennung eines Freigelassenen in ruhmrediger Form auf eine öffentlich ausgestellte Steintafel graviert. *(Plinius, Epist. Bd. 8.)*
Wie oft ernennen doch die Völker in der Meinung, es gehe um Freiheit, selbst ihre Unterdrücker! Die Protestantenverfolgung in England unter Maria (die Katholische, die Blutige, R.S.) hatten ihre Regierung so verhaßt gemacht, daß man ihre Nachfolgerin, Elisabeth, mit uneingeschränkter Macht ausstattete, nur damit dieser Papismus ausgerottet würde. Damit hatte man aber das eine mit dem anderen vertauscht, und bald sahen sich auch die Protestanten dem eisernen Zepter der Königin, die sie selbst erhoben hatten, ausgesetzt.
Daß Macht sich oft ungewollt ausbreitet, zeigte sich auch am Beispiel der Dezemvirn Marius, Sulla und Pompeius, die ihre Macht zur Vergewaltigung der Gesetze nutzten.
Die Venezianer waren eines Tages der kleinlichen Streitereien und langatmigen Beschlußfassungen müde und ernannten einen mit großer Macht ausgestatteten Dogen, der sie alsbald unterjochte.

Hat sich aber das Volk schließlich durch Entthronung oder Massakrierung eines Despoten entledigt, so kommt es oft genug vor, daß es sich dessen Erben und Nachfolger unterwirft. Annibal Bentivoglio war in der Verschwörung der Conneschi umgekommen. Das Volk von Bologna verurteilte die Verschwörer zum Tode und ließ aus Florenz einen Nachkommen dieses Fürsten herbeiholen, um ihn zu inthronisieren. Und wie oft haben doch die Engländer ihre Ketten immer wieder aufs Neue geschmiedet? Aus Anlaß der Übergabe von 3 groats (12 deniers sterlings) zu welcher Richard III. jeden Untertanen im Alter von über 15 Jahre gezwungen hatte, revoltierte das Volk. Dies wäre die einzige Epoche gewesen, wo man hätte eine freie Regierung errichten und alle Rangunterschiede hätte ausgleichen können.

Man forderte die Abschaffung des Grundeigentums, völlige Freiheit des Handels und eine Grundtaxe anstelle des Militärdienstes. Und all diese Dinge wurden genehmigt. Aber bald versammeln sich die Großen, der König rückt ins Feld ein, das Parlament widerruft diese freiheitlichen Erlasse, und das Volk ist dazu verurteilt, seine Fesseln wieder aufzunehmen. *(Froissard, Buch II, c. 77.)*

Das englische Parlament hatte Heinrich VIII. den Titel des Oberhauptes der anglikanischen Kirche zuerkannt. Man übergab ihm damit das Recht, die Religion seiner Untertanen zu bestimmen. Man hatte nicht nur auf kirchliche Immunität, sondern auch auf zivile Rechte verzichtet und gab dem allem auch noch den Anschein, als sei dies eine natürliche Folge königlicher Autorität. Um diese Kriecherei noch zu vervollständigen, ratifizierte das Parlament die Scheidung Heinrichs von Anna Boleyn. Die Kinder, die er von ihr hatte, wurden für unehelich erklärt und damit die Krone an die seiner neuen Geliebten vermacht. Die protestantischen Sekten, die in England immer mehr in den Vordergrund traten, wurden von Heinrich sehr geschickt gegeneinander ausgespielt und niemand erhob dagegen Einspruch, daß ein Inquisitionsgericht jeden verfolgte, der mit dieser alles umfassenden Machtübertragung auf den König nicht einverstanden war.

Aber all dies wurde noch übertroffen, als Karl II. auf den Thron zurückgerufen wurde. Adel, Paisten, Presbyterianer und Tories beschuldigten die Gesetzgebende Versammlung und feierten die glückliche Rückkehr des Despoten. Alle Spuren der Freiheit wurden getilgt, um dem Monarchen zu schmeicheln. Mit allem Pomp zieht er in die englische Hauptstadt ein, und man macht sich Vorwürfe, daß man so lange eines Herrschers beraubt gewesen sei. Anklageschriften wurden gegen die Richter Karls I. ausgefertigt. Man ließ die Leichen von Cromwell, Isreton und Pride exhumieren, an einen Galgen hängen und an Ort und Stelle verscharren. Die Mauern von Coventry, Leicester und anderen Städten, die sich durch Freiheitsliebe hervorgetan hatten, wurden geschleift.

Man entfernt die Standarten, die den Schotten bei Dumbar und Vorchester abgenommen worden sind. Man erbricht die Staatssiegel, man verwischt alles, was noch irgend einen Hauch von Freiheit oder eine Idee der Unabhängigkeit geben könnte, und als Dankgottesdienst wird ein Tedeum angestimmt.

Der Admiral fährt mit der Flotte dem Fürsten voraus. Er bringt ihn mit, das Volk eilt zu seinem Empfang, das Parlament wirft sich ihm zu Füßen.

Sämtliche britischen Streitkräfte wurden dem Kommando des Königs direkt unterstellt, der Treueschwur neu formuliert und jede Opposition gegen königliche Order wurde mit

Majestätsbeleidigung gleichgestellt. Es kam soweit, daß die Spitzen des Staates nur noch mit Zittern das Idol betrachten konnten, das sie selbst geschaffen hatten.
Es schien, als wären unsere Väter als Lohn für ihre Laster zu einem fatalen Schicksal verurteilt, auf ewig die eigenen Baumeister ihres Elends zu sein. Hatten sie ein Idol zerstört, so schufen sie alsbald ein neues, das mit jeweils noch größerer Kriecherei und Erbärmlichkeit verherrlicht wurde.
Kaum war Jakob II. auf den Thron gelangt, als das Parlament zu seinen Füßen kroch. Man weiß nicht mehr, welche von beiden Kammern sich am meisten erniedrigt. Das Unterhaus überträgt ihm die Einkünfte seines Vorgängers auf Lebenszeit, immerhin 2.550.000 Pfund Sterling. Dadurch wird er in den Stand gesetzt, unabhängig vom Volk eine furchtbare Flotte und Armee zu unterhalten, um jeden Widerstand schon im Keime ersticken zu können.
Die Pairskammer hingegen stellt die Anklage gegen die Papisten auf Veranlassung des Generalstaatsanwaltes ein und annulliert außerdem die Anklage, die gegen den Vicomte Stafford erhoben worden war.
Aber auch der Magistrat stellt sich dem königlichen Willen zur Verfügung. Und als ob sich die Gesetzeshüter verschworen hätten, erklären sie: „Die Befehle des Königs sind die Gesetze des Königreiches, und er allein entscheidet über ihre Anwendung."
Der Klerus darf natürlich, was Unterwürfigkeit anbelangt, nicht zurückstehen. Die Kanzeln hallen wider von Lehrsätzen über dienenden Gehorsam, und diese Maximen werden auch von den Gerichten eiligst übernommen.
Um die königliche Allmacht zu vollenden, fehlen jetzt nur noch die Zünfte. Alle Körperschaften des Königreiches übergeben ihm ihre Urkunden und unterstellen sich seiner

Gnade. Es scheint, als ob sich die gesamte Nation vereinigt, um diesem Fürsten die Mittel anhand zu geben, um auch noch die letzten Reste der Freiheit auszutilgen.
So engstirnig und uneinsichtig ist das Volk, wenn es darum geht, die eigenen Fesseln zu schmieden.

Vom Despotismus

„Das ist Unser erklärter Wille" so klingt es als Zeichen der Autorität, wenn der Fürst den Staat nur noch als sein Vermögensteil und die öffentlichen Einnahmen als sein Taschengeld ansieht. Widerrechtlich angemaßte Macht hält sich aber nur durch Militär, und dies wiederum wird nur durch Geld unter königlichem Befehl gehalten. Die Bürger selbst müssen dafür bezahlen.
Kaum ist der Fürst im Besitz der souveränen Macht, so ist vom Wohle des Volkes keine Rede mehr. Jetzt geht es um seine Autorität, um die Würde seiner Krone, um seinen Stolz, um seine Launen.
Widersteht man ihm? Er spricht jetzt nur noch von Unterdrückung der Kühnheit und davon, die Aufsässigkeit der Unzufriedenen unter Kontrolle zu bringen. Jetzt helfen keine Klagen mehr. Jetzt ist die Macht gefestigt, und jetzt heißt es, blindlings den Befehlen gehorchen.
Öffentliche Freiheit wird abgeschafft, der Fürst ist alles, der Staat nichts mehr. Hat irgend jemand noch Vorrechte? Ohne Zögern werden sie abgeschafft. Kann er erst die Gesetze nach Belieben machen, so gibt es kein Halten mehr. Mit unruhigem Blick beobachtet er die Feinde seines unrechtmäßig errichteten Reiches. Unter verschiedenen Vorwänden werden letzte Machtreste, die er noch im Staate findet, be-

seitigt, freie Männer werden erniedrigt, Bürgerrechte abgeschafft.
Charles II. opferte Lord Russel, den Grafen von Essex, den Oberst Sidney, Jacques Holloway, Tomas Armstrong etc. unter dem Vorwand, sie hätten ihm nach dem Leben getrachtet.
Um absolute Herrscher zu werden, entledigten sich Ludwig XI. und Ludwig XIII. (von Frankreich R.S.) aller Großen des Königreiches, die ihren Argwohn erregt hatten. Jacob II. – (Hier wiederholt Marat seinen Absatz über die Zünfte. R.S.)
Richelieu, einer der rührigsten, geschicktesten, aber auch rachgierigsten Schurken, die das blinde Schicksal zuweilen zum Unglück der Völker ans Staatsruder kommen läßt, befriedigte nicht nur seine verbrecherischen Leidenschaften, sondern brachte das Königreich in schwere Erschütterung, um den Despotismus in reinster Form einzuführen. Als wilder Tyrann schlug er mit Exil, Kerker und Tod alles, was sich ihm in den Weg stellte. Das Parlament, der Hof, die Armee, nichts blieb von seinen finsteren Intrigen verschont. Um die Freiheit zu verlieren, genügte es, nicht sein Parteigänger zu sein. Der Marschall Bassompierre machte diese traurige Erfahrung für lange Jahre (in der Bastille R.S.).
Erst recht nach dem Tag der Betrogenen hatte dieses Wüten keine Grenzen mehr. Nun konnte man sehen, wohin durch nichts gebremste absolute Macht in ihrem Rachedurst führen kann.
Um seine Feinde mit juristischem Vorwand aufs Schaffott zu bringen, ernannte er besondere Richter, deren Urteil er aber noch verwarf, wenn es ihm zu milde erschien. Er ließ sie manchmal in einem seiner Landhäuser tagen, um sie noch besser unter Kontrolle zu haben.

Gaston (der Bruder Ludwigs XIII. R.S.) war sein Todfeind. Dessen Freunde bezichtigte er der Majestätsbeleidigung (Gaston selbst wurde wegen seiner Verwandtschaft mit dem König verschont R.S.). Das Parlament wurde mit der Verurteilung beauftragt. Als es nicht einhellig votierte, ließ er (Richelieu) es durch den König auflösen und verjagte die drei wichtigsten Mitglieder ins Exil.
Richelieu verbreitete solchen Terror, daß die Höflinge ihm freien Lauf ließen, ja, zu seinen Werkzeugen wurden. *Thémines erhielt den Marschallstab für die Gefangennahme des Prinzen Condé und Vitry für den Mord an Marschall d'Ancre.* Er ließ alle durch das Beil des Henkers sterben, die seine amourösen Abenteuer störten, ebenso seine Rivalen St. Marc, de Thou, Montmorency, Marillac und Jarre. *Er war der Vertraute der Herzogin von Chevreuse, die zu Richelieu in Beziehung stand.*
Mehr als hundert Adelsfamilien hatten bei dieser Orgie des Despotismus Opfer zu beklagen.
Kurz gesagt: Er errichtete die Willkürherrschaft auf den Trümmern der öffentlichen Freiheit. Unter seiner Verwaltung wurden die Rechte der Mutter des Königs aufgehoben. (Maria de Medici hatte konspiriert R.S.) Sie und der voraussichtliche Thronerbe wurden ins Exil geschickt. St. Marc de Thou, der Connétable Montmorency, der Marschall Marillac, der Kommandeur de Jarre – alles seine Rivalen – wurden geköpft.
Ist der Fürst erst einmal so weit gekommen, so hält ihn nichts mehr. Wenn er seine Verbrechen noch mit Vorwänden umhüllt, so nicht aus Notwendigkeit, sondern nur aus Gewohnheit.
Diese Tyrannen empören die Geister, man steht dagegen auf, und es fließt Blut in Mengen. Es ist also festzustellen: Der

letzte Schlag, den die Fürsten der Freiheit zufügen, geht so vonstatten, daß das Gesetz vergewaltigt wird, und zwar gerade im Namen des Gesetzes. Alles wird umgestoßen unter dem Vorwand, alles erhalten zu müssen. Wer es wagt, die Gesetze zu verteidigen, wird als Rebell bestraft.
Karl II. empfand große Freude über die Erfolge Ludwigs XIV. Als man darüber viel in den Londoner Cafés sprach und diskutierte, ließ der König diese schließen unter dem Vorwand, sie seien der Treffpunkt königfeindlicher Elemente, die dort ihre Verleumdungen erörtern würden (Rapin).
Nichts wurde an Schandtaten ausgelassen, um die Macht zu erobern und nichts versäumt, um sie zu erhalten. Die schlimmste und schändlichste Tyrannei ist jedoch die, die unter dem Deckmantel der Justiz ausgeübt wird.

Die Furcht vor dem Tode

Wenn sie schon alles an sich reißen müssen, wenn die Fürsten dann doch wenigstens gerecht wären! Aber – wehe dem, der ihre Willkür nicht anerkennen will und sich unterfängt, zu Gesetzen Zuflucht zu nehmen und Freiheit zu fordern. *Als Cromwell den Thron bestieg, erließ er folgende Gesetze: Wer es wagt, die Regierung als unrechtmäßig oder tyrannisch zu bezeichnen, macht sich des Hochverrats schuldig.*
Dieselbe Durchtriebenheit, die sie zur Machtergreifung angewendet haben, gebrauchen sie auch zu deren Aufrechterhaltung. Nichts führt aus diesem teuflischen Kreis mehr heraus.
Waffengewalt, Schiedsrichter, Gesetzgeber – was braucht es noch an Hilfsmitteln, um gegen Untertanen ebenso wie gegen Feinde vorgehen zu können.
Die Tyrannen sind es in ihrer Grausamkeit gewohnt, Men-

schenleben gering zu achten. Haben sie sich aber in der Macht etabliert, so wollen sie sich bisweilen einen Anschein von Gerechtigkeit geben. Reicht dazu die normale Justiz nicht aus, so werden Sondergerichte einberufen, die alles zum Schweigen bringen, was noch einen Rest von Freiheitsliebe beibehalten hat. Wer nicht schweigt, hat sein Leben verwirkt.

Hat der Fürst alles erreicht, was er will, so läßt er den Staat etwas verschnaufen und spielt seinen Anhängern gegenüber den Großzügigen.

Der Vermessenheit, mit der Gaunerstücke begangen wurden, folgen jetzt wohlüberlegte Verbrechen. Mit Blutvergießen geht man zwar sparsamer um, dafür gibt es jetzt Falschurteile, die das Leben untergraben und zum Tode führen. Wenn sich in den Gerichten, denen der Fürst die Aburteilung der unglücklichen Opfer seines Wütens überträgt, noch ein Rest von Mitleid findet, so ernennt er Sondergerichte, die seine Rache auszuführen haben.

Dies war die Kommission Trial Beaton, das chambre etoilée, die Hohe Kommission des Hofes, der Rat von York, das chambre ardente.

Jetzt schwebt das Schwert der Tyrannei über allen Köpfen. Wer aufbegehrt, wird sofort erwürgt. Nun geht die Angst um, jeder fürchtet für seine Tage und beobachtet schweigend die Missetaten des Despoten. So haben Augustus, Tiberius, Heinrich VII., Heinrich VIII., Karl I., Jacob II., Ludwig XI., Karl IX., Heinrich III., Ludwig XIII., Ludwig XIV. etc. ihre Völker erzittern lassen, und dies trotz Magistrat, Senat und Gesetzen!

Hat der Fürst endlich alle Mächtigen, die ihm Widerstand leisteten und seine Autorität nicht anerkennen wollten, geopfert; hat er alle Barrieren niedergerissen, hat er alle Ge-

setze zum Schweigen gebracht, hat er alles unterjocht, dann, ja dann kommt eine Pause. Jetzt werden seine Kreaturen und die Armee belohnt. Jetzt gibt es Überfluß, Feste und Schauspiele: ein tückisches Bild öffentlicher Glückseligkeit!
Das Volk liebt schlechte Fürsten, wenn sie nur verschwenderisch und prachtliebend sind. Gibt es erst keinen Magistrat mehr zu wählen und in der Regierung nichts mehr mitzureden, dann will es nur noch Brot und Spiele.
Nero, Commodus und Caracalla waren beim Volke beliebt, nur weil sie zum Amüsement einiges beitrugen. Hier hat man also der Tyrannei applaudiert, sofern man nur einige Früchte davon ernten konnte.
In Rom war man geradezu besessen von Circus und Theater. Den Wagenlenkern und Schauspielern wurde gehuldigt. Kaiser Augustus brachte dem Volk Überfluß. Er ließ einige Familien große Vermögen verdienen und andere darauf hoffen. Dieser Kaiser sprach nur mit großem Respekt von der Republik und verzichtete offiziell auf die Diktatur, die durch Cäsar verhaßt geworden war. Er hielt sich dem Anschein nach an die Weisungen und Ratschläge des Senats und befragte das Volk über Gesetze. So gab er den Römern die Illusion der Freiheit und sich selbst als einen treuen Verwalter des Staates. In geschickter Weise sprach er von Freiheit, während er in Wirklichkeit das Volk versklavte. (Sueton).

Um sich selbst zu erheben, erniedrigt ein Usurpator erst einmal alles andere. Um sich aber zu halten, muß er dem Volk etwas bieten. Dies gelingt durch nachgiebiges Regieren.
In Venedig regieren die Vornehmen ohne Durcheinander. Ihre gegenseitige Eifersucht hindert sie daran, sich einer über den anderen zu erheben, und ihr gemeinsames Interesse verhindert die Errichtung der Tyrannei. Die Untertanen der Re-

publik werden als Sklaven angesehen, die man schonen muß, damit sie nicht revoltieren oder fliehen. Man versucht also, die Völker durch Vergnügungssucht im Zaum zu halten, und man läßt sie in Ruhe.

Die Regierung des Fürsten erweckt also den Anschein, als wolle sie die öffentliche Freiheit wieder herstellen. Man erläßt gute Gesetze, die die Ruhe und Ordnung gewährleisten, ohne die man doch nicht auskäme. Selbst der Magistrat erhält scheinbare Rechte zurück. Er darf sich zu Wort melden, aber seine Antworten werden ihm diktiert.

Als Cäsar die Macht an sich gerissen hatte, behauptete er, die Republik sei nichts, sondern seine Befehle seien Gesetze. Augustus verhielt sich zurückhaltender. Von Diktatur war keine Rede. Nicht einmal als Herr wollte er betitelt werden. Er hielt sich anscheinend an den Rat des Senats und ließ ihn die Provinzen verwalten.

Das Volk begann das Elend der Vergangenheit mit der aktuellen Prosperität zu vergleichen, und der Kaiser tat so, als ob er abdanken wollte. Durch diese Schliche erwies sich Augustus als ein gerissener Tyrann, der stets von Freiheit sprach, während er in Wirklichkeit das Volk in die Knechtschaft führte.

Und wie oft werden die Gesetze verdreht! Der Fürst findet stets genug Nichtsnutzige und Schurken in den Reihen seiner Gerichtsbarkeit, die seine Rache vollenden, ohne daß er sich selbst direkt damit befassen müßte.

Was war denn der Senat unter Cäsar, Augustus, Tiberius? Eine Bande von korrumpierten Männern, die stets bereit waren, dem Wüten eines Herren zu dienen, man denke nur an Caligula, Caracalla und Nero.

Charles II. und Jacob II. erhoben die schauderhaftesten Schurken ihres ganzen Königreiches in die führenden Stellungen. In früheren Zeiten wurden vorzugsweise Mörder gedungen, um sich unbequemer Leute zu entledigen.

In Venedig bedient man sich besonders häufig der Denunzianten, die es mit falschen oder übertriebenen Anschuldigungen dazu bringen, daß irgend ein Opfer angeklagt wird. Wird der Denunziant aber entdeckt, so läßt man ihn fallen und opfert ihn der öffentlichen Meinung. Wenn also allgemeine Vergeltung bevorsteht, so haben diese Fürsten die Schändlichkeit, einen anderen vorzuschieben. So geschah es 1622 in Venedig mit den Anklagen des Senators Antonio Fascaria (Amelot de la Houssaye, Die Regierung Venedigs). Hier muß man noch einmal auf Augustus, Tiberius und Nero zurückkommen, die ebenfalls ihre Zuträger und Helfershelfer opferten, falls diese entdeckt wurden. So werden selbst Minister im Stich gelassen, um dadurch die Öffentlichkeit zu beruhigen. Durch diese scheinbare Gleichheit verführt, sind die Völker im Interesse des Staates geneigt, die fürstlichen Machtansprüche hinzunehmen. Aber dieses Glück währt nicht lange. Nach der Mäßigung kommen die Exzesse. Vergnügen und Ausschweifung greifen um sich. Die Staatseinkünfte werden die Beute von Kurtisanen und Lustknaben. Was die Raubgier des Tyrannen noch übrig gelassen hat, wird hier verschwendet. Noch schlimmer ist die Bestechlichkeit dieser Kreaturen. Sie lassen sich ihre Beziehungen bezahlen, und ein schamloser Ämterschacher ist die Folge. Durch all dies wird der Staatsschatz vergeudet. Was tut man, um ihn wieder aufzufüllen, nachdem er im Wahnsinn verschwendet wurde? Unter dem Vorwand, dem Staatswohl zu dienen, werden die Steuern erhöht.

Sind diese Mittel erschöpft, dann gibt es Verschwörung, Erpressung, ja sogar Räuberei. Reichtum wird für den Bürger zum Verbrechen erklärt, damit man ihn besser ausrauben kann. Und um überall Schuldige zu finden, werden eine Unmenge harmloser Taten als Verbrechen erklärt. Es gilt also, Delikte zu erfinden und außerdem noch Denunzianten, die sie anzeigen.

Es ist erstaunlich, in welcher Menge Nero, Comitian und andere römische Kaiser wohlhabende Bürger zum Tode verurteilten, nur um sich deren Reichtümer aneignen zu können. Über die entsetzlichen Wesenszüge der englischen Könige Heinrich VII. und VIII., die in ihrer Habgier alles andere übertrafen, habe ich schon berichtet.

Diese Beispiele sind in neuerer Zeit seltener geworden. Ein berühmter, zeitgenössischer Autor hat den Grund dafür angegeben: Unsere Vermögen sind nicht mehr so üppig wie einst, deshalb lohnt es sich nicht mehr, uns aus dem Wege zu räumen, um an sie heranzukommen.

In Anbetracht dieser Übergriffe des Tyrannen fängt das Volk an zu murren; es gibt Verschwörungen und Blutvergießen. Man ist empört, wenn man über die schrecklichen Massaker liest, die Augustus, Tiberius, Nero, Caligula und Domitian befohlen haben, und man empfindet das traurige Los der Menschheit besonders schmerzlich, wenn man diese Völker beobachtet, die jenen Tyrannen ausgeliefert waren. Regelrecht schaudern könnte man jedoch, wenn man sich die Blutbäder vor Augen hält, die Jacob II. nach der Invasion von Monmouth durchführte. Um seiner Rache Genüge zu tun, schickte er Jeffreys als Richter in die Provinzen, begleitet von Truppen unter dem Generalmajor Kirk. Diese Monster ließen Unschuldige als Staatsverbrecher anklagen und verurteilen, manchmal gab es sogar Exekutionen ohne Prozeß. Man möchte dieses schreckliche Bild gnädig bedecken, denn unter all den Schurken die durch ein Blutbad ihren Rachegefühlen freien Lauf gelassen haben, muß ich Jakob II. noch einmal

hervorheben. Sein am meisten gefürchteter Menschenschlächter war der Generalmajor Kirks, der die Hinrichtungsszenen mit Fanfarenklängen untermalen ließ.
Ein Mädchen hatte sich ihm zu Füßen geworfen, um für ihren Vater Gnade zu erbitten. Als sie ihm zu Willen gewesen war, führte er sie zum Richtplatz und zeigte ihr den Leichnam ihres Vaters.
Die Sorge um persönliche Sicherheit des Tyrannen selbst wird noch gesteigert durch die Angst um die Sicherheit seines Reiches. Um diese Sorgen zu besänftigen, gibt es für ihn nur Verurteilungen, Einkerkerungen und Todesurteile. Eine Grausamkeit bedingt die andere, und so wäscht der Tyrann seine blutigen Hände wiederum in Blut.
Um sich Ruhe zu verschaffen, genügt es nicht, die Verdächtigen und Unzufriedenen sich vom Halse zu schaffen, auch ihre Familien und Freunde müssen massakriert werden. So wird also das Leben der Staatsbürger pausenlos der angeblichen öffentlichen Ruhe geopfert. Mit einem Wort: Der Tod geht um, und gleich einem hungrigen Tiger, der in eine Herde einbricht, erwürgt und zerfetzt der Fürst seine Gegner: er schwimmt im Blut.
Niemanden kann er entdecken, der würdiger wäre als er selbst, um die Regierung zu führen. Folglich sind ihm alle Personen, die noch etwas Talent und Tugend bewahrt haben, ein Ärgernis. Verdienste anderer sind ihm unerträglich; Offiziere, die Einfluß auf Soldaten haben; ein Magistrat, der seine Pflicht erfüllt, gut beleumundete Leute: All dies erfüllt ihn mit Unruhe und Widerwillen. Er ärgert sich über alles, was außer ihm bewundert wird und Kühnheit an den Tag legt. Sogar schon das Erinnern an glücklichere Tage einer vergangenen Regierung kann er nicht dulden, die Redefreiheit wird abgeschafft und Vaterlandsliebe, sofern sie sich

nicht auf seine Person bezieht, als Verbrechen abgestempelt. Hat aber nun irgend jemand den Mut, die Sache der Unterdrückten aufzugreifen und zu unterstützen? Wagt es ein Schriftsteller, so werden seine Werke verbrannt und er selbst wie alle anderen erbarmungslos verfolgt.
Tiberius bestrafte einen Dichter, weil er Agamemnon in einer Tragödie schlecht behandelt habe. So wichtig war ihm der blinde Respekt vor königlicher Würde.
Als Cordus den Brutus in seinen Annalen gelobt hatte, überantwortete der Senat, um Sejan zu gefallen, dieses Buch dem Feuer. Lord Lucas hatte eine Abhandlung gegen die Verschwendungssucht Karls II. veröffentlicht. Letzterer ließ es eigens durch die Hand des Henkers verbrennen. 1621 verbot Jakob II. durch eine Proklamation jegliche Kritik an seinen Ministern (Rushevorlh.).
In London sprach man viel von der Freude, die Charles II. über die Erfolge von Ludwig XIV. empfand. Dies veranlaßte den englischen König, die Cafés der Hauptstadt schließen zu lassen und zwar unter dem Vorwand, sie seien Versammlungspunkte seiner Feinde und würden benutzt, um dort über den König und seine Minister zu lästern (Rapin). 1755 präsentierte der Rat St. Maur dem Minister einen Plan über staatliche Hilfsquellen. Als Belohnung für seine patriotischen Ansichten wurde er in die Bastille geschickt.
In Venedig fürchtet man nichts so sehr wie das, was Erleuchtung und Erkenntnisse verbreiten könnte. Sich in Staatsaffären einzumischen ist ein unverzeihliches Verbrechen, ja nicht einmal darüber sich unterhalten darf man – und sei es zugunsten der Regierung. Allerdings, hat man die Protektion eines Senators, so kann man tun was man will und ungestraft die allerletzten Verbrechen begehen. Außerdem gibt es eine Unzahl von Spionen, die die Cafés, die Kirchen, die Theater

durchstreifen. Ja, selbst im Schoße der Familie ist man nicht sicher, denn der Rat der Zehn bietet immer wieder Extrabelohnungen für jeden, der als Denunziant fungieren will. Ein metallener Mund ist stets für Verrätereien offen. Jeder ist suspekt, Hausangestellte, Eltern, Dienstboten, Freunde, Geliebte.

Gallienus schlug vor, die Prätorianer im Aphitheater im Rang von Reitern zuzulassen. Als Dank ließ ihn Tiberius aus dem Senat jagen (Tacitus, ann. lib. 6).

Der Begriff von Recht und Unrecht ist also der fürstlichen Autorität geopfert worden. Jeder wird zum Schweigen gebracht, der öffentlich oder auch nur privat seine Stimme gegen die Tyrannei erhebt. Die Öffentlichkeit wird unter scharfer Kontrolle gehalten. Dazu wird nicht nur Terror angewendet, sondern auch Spionage, die einer Bande von Gaunern übertragen wird.

Man kann also sagen: Unter dem Vorwand, die öffentliche Ruhe aufrecht erhalten zu müssen – und natürlich auch den Respekt vor der Majestät eines Thrones – werden Schwärme von Spionen gehalten, die bis in die Familien vordringen. Manche auch unter Zwang. Jeder muß vor jedem auf der Hut sein. Der Bruder vor dem Bruder, der Vater vor dem Sohn, der Freund vor dem Freund.

So war es auch in Rom, wo der Sklave oder Freigelassene der Spion seines Herrn war. Ebenso ist es heute im Orient, in China, in Japan und in den meisten europäischen Ländern. In Italien, Spanien und Portugal gibt man beträchtliche Summen für Spionage aus.

Ein wesentliches Mittel zur Erhaltung der Autorität ist die Abschreckung. Niemand soll es wagen, weder in Worten noch in Taten, irgend etwas in dem vom Tyrannen regierten Staat zu kritisieren. Dies führt schließlich zu einer Über-

wachung selbst innerhalb der Familien.
In Frankreich gibt man jedes Jahr zehn Millionen für Spione aus, die auf staatliche Anweisung hin ständig auf der Lauer liegen. Es soll von ihnen 30 000 im Land geben, und sie gehen sogar so weit, sich als Regierungsfeinde auszugeben, um Schweigsame zu provozieren und ans Messer liefern zu können.
Canot, Pichon, Sociande, la Comette, Marcassin, la Corbière, Gorgilus etc., die sich gegen den Marquis von Boulaye, einen der Hauptfrondeure wandten, waren alle gedungene Zeugen. Im Parlament bestätigten sie sich als Provokateure, ohne daß man ihnen etwas anhaben konnte. (Histoire du cardinal Mazarin.)
Hat noch jemand den Mut, sich aufzulehnen? Man ergreift ihn, legt ihn in Ketten in ein finsteres Verließ bevor man ihn vor's Blutgericht führt. Und jeder läßt ihn im Stich. **Man sieht:** Diejenigen, die Widerstand leisten, werden zermalmt, diejenigen, die noch widerstehen möchten, werden abgeschreckt.
Die Geschichte Ludwigs XI., Karls IX. und Ludwigs XIII. ist voll von Beispielen der grauenhaften Taten der königlichen Kommissare.
Selbst heutzutage hat ein Freiheitsliebender kaum ein besseres Schicksal zu erwarten. Viele verschwinden in Paris und werden bei Nacht und Nebel in scheußliche Gefängnisse gebracht, wo sie ohne viel Aufhebens bei Fackelschein umgebracht werden.
Es kommt also so weit, daß bald niemand mehr das Vaterland verteidigen will, und so bleiben nur noch knieende Sklaven vor dem gebieterischen Herrn.
Um die Völker bequem tyrannisieren zu können, muß man sie verdummen. Jede Rede, jede Schrift, die die Seele erhebt

oder den Menschen an seine Rechte erinnert, wird für ihren Autor verhängnisvoll. Und als ob diese Tyrannen alles, was noch nach Vernunft oder Tugend aussehen könnte, vernichten wollen, sieht man die berühmten Redner, Politiker und Philosophen in der Verbannung und ihre Werke auf dem Scheiterhaufen. Nero hatte diese tugendhaften Männer vernichtet, unter anderen auch den berühmten Senator Petus, so als ob er die Tugend selbst ausrotten wollte.
Alles, was an Freiheit oder große Gedanken erinnert, wird verbannt. Genau so geht es den Rednern, Politikern und Philosophen. Nichts erscheint dem Despoten mehr belanglos; wird er doch von seinen Spitzeln über tatsächliche oder angebliche Unruhen ständig auf dem laufenden gehalten. Harmlose Worte, ja selbst Gedanken, werden zu Verbrechen: eine Tyrannei ohne Grenzen. Jeder Vorwand ist gerade recht, um Unliebsame beiseite zu schaffen, die etwa der Majestät nicht genügend gehuldigt haben.
Tiberius bezeichnete die unverfänglichsten Dinge als Majestätsbeleidigung. Ein Bürger, der seine Gärten verkaufte, hatte damit auch eine Statue des Kaisers Augustus weggegeben. Tiberius läßt ihn wegen Majestätsbeleidigung anklagen. Ein Bürger schlägt einen Sklaven, der zufällig eine Medaille des Kaisers Tiberius trägt, auch er wird angeklagt.
Tiberius wird eine Elegie über den Tod des Germanicus präsentiert: wieder eine Majestätsbeleidigung. (Annal. lib. 3.) Eine Frau entkleidet sich vor dem Bild des Kaisers Domitian. Er läßt sie zum Tod verurteilen. Unter Nero war es noch schlimmer: Thrasea wird verurteilt, weil er angeblich absichtlich bei Abstimmungen gefehlt hat oder Neros göttlichem Gesang nicht genügend huldigte.
Nero machte ein Verbrechen daraus, den Reden der Schmeichler nicht applaudiert, oder Poppäa nicht als Göttin

anerkannt zu haben. (Annal. 14 u. 15).
Bei Caligula gilt Reichtum eines Bürgers als Majestätsbeleidigung. Er hatte Druzilla göttliche Ehren verliehen. Dann machte er ein Verbrechen daraus, daß man sie als Göttin und nicht als seine Schwester beweinte.
Denis (gemeint ist Dionysos, Feldherr von Syrakus, auf den sich Schillers „Bürgschaft" bezieht R.S.) behandelte einen gewissen Marsias als Majestätsverbrecher, weil dieser davon geträumt hatte, dem Tyrannen die Kehle durchzuschneiden. (Plutarch, Leben des Dionysos.) Ein altes schottisches Gesetz erklärte jede Lüge über den König und seine Regierung zum Verbrechen.
Von nun an hängt das Schwert über allen, der Staat wird zu einer Arena des Horrors und des Blutbades. Jeder verheimlicht seine Ängste und Hoffnungen. Bald gibt es kein Murren und keine Klagen mehr; überall Schweigen. Bestürzung ergreift alle Herzen. Im geheimen herrscht Verzweiflung wie bei zum Tode Verurteilten.
Nachdem der Fürst nun seine Untertanen seinem Stolz und seiner Habgier geopfert hat, greift er auch noch in den sittlichen Bereich über. Er nimmt ihnen die Frauen und Töchter weg, um mit ihnen seinen schändlichen Leidenschaften zu frönen. Unter solcher Verzweiflung werden die Untertanen durch apathisches Hinnehmen ungewollt zu Helfershelfern der Tyrannei.
Sind die Untertanen erst einmal von der Unmöglichkeit überzeugt, ihr Joch abzuschütteln, so streben sie danach, sich mit ihrem Unglück abzufinden. Die Seele ist vor Furcht dermaßen niedergeschlagen, daß sie ihr Heil in der Erniedrigung sucht. Vor die Wahl gestellt, Opfer oder Mitläufer der Regierung zu werden, entschließen sie sich dazu, die Tyrannei zu unterstützen.

Unfähig und unwürdig, frei zu sein, verachten sie schließlich die Freiheit und rühmen sogar die Ruhe, die sie in ihren Fesseln genießen.

Während der ersten 7 Jahrhunderte der römischen Republik sprach und schrieb man ohne Einschränkung. Aber seit der Schlacht von Attium war die Macht in die Hände eines einzelnen übergegangen, von dem man alles zu fürchten und nichts zu erhoffen hatte. Von da an begann die Erniedrigung um billiger Vorteile willen.

Kaum hatte Tiberius den Thron bestiegen, als er vorgab, die Krone nicht zu wollen. Sofort erläßt der Senat ein Gesetz, das die Bürger zwingt, auf den Kaiser zu schwören, das heißt, alles was er für gut befinden wird, ist als Wohltat anzusehen. Es wird der Vorschlag gemacht, die Jahre nicht mehr nach den Konsuln, sondern nach dem Kaiser einzuteilen. Ein Graveur hat nichts eiligeres zu tun, als den Befehl, der auf diesen Vorschlag folgt, in goldenen Lettern zu verewigen. Jung und alt, jeder beweihräuchert den Tyrannen aus Leibeskräften, selbst diejenigen, die aufgrund ihres Alters keinen Lohn mehr auf ihre Erbärmlichkeit, sondern nur noch ewige Schande erwarten können.

Als Otto zum Kaiser gekrönt war, wie sah man doch da diese Römer huldigen, deren Vorfahren schon allein bei dem Wort und dem Begriff der Sklaverei geschaudert hatten. Jeder wollte zuerst die Hand des Despoten küssen. Und der Senat ließ es sich nicht nehmen, ihm alsbald die Insignien seiner höchsten Würde zu verleihen.

Selbst die besten Bürger wagen keinen Eingriff mehr in die Tyrannei und ziehen es vor, sich mit den anderen zu unterwerfen. Denn welcher Mann will schon seiner Pflicht zuliebe Risiken auf sich nehmen, wenn es zu nichts führt? Man kann selbst von den besten Bürgern nicht erwarten, die dazu noch von allen im Stich gelassen werden, Schritte zu unternehmen, die zu ihrem Untergang führen würden. Sie sind also gezwungen, die Revolution zwar zu wünschen, aber keine wirksamen Schritte zu unternehmen, um ihre Fesseln zu sprengen, wenn zusätzlich noch diejenigen, die Mut einflößen sollten, als erste die Sache im Stich lassen. So bleibt nur noch Unterwerfung und Knechtschaft. Jetzt wagt man nur noch dann den Mund aufzumachen, wenn das gefürchtete Idol beweihräuchert werden soll.

Wenn der Fürst erst einmal alles ist, so ergibt sich daraus, daß jeder, der etwas sein oder werden will, sich bemühen muß, ihm zu gefallen. Von da bis zu den billigen Schmeichlern und den dienernden Höflingen ist es dann nur noch ein Schritt. Auch in Frankreich kriechen die Großen in den Vorzimmern der Minister und sind auch noch stolz, vor anderen Sklaven ausgezeichnet zu werden.

Alle, die sich dem Fürsten in dieser Weise nähern, verraten die Freiheits- und Vaterlandsliebe, befürworten die Vernichtung freiheitlicher Bürger und werden schließlich die erbärmlichsten Parteigänger der Willkürherrschaft.

Als höchster Schiedsrichter der Völker wird der Fürst von den Schriftstellern gefeiert; die Untertanen sind Sklaven, die zum Gehorchen bestimmt sind. Die Zeitungsschreiber stellen die Behauptung auf, daß jeder sich in sein Joch zu fügen, ja, es sogar zu bejubeln habe, und sie lassen nichts außer acht, was dieser finsteren Doktrin Nachdruck verleihen könnte. Um sich dem Fürsten aber noch zusätzlich gefällig zu erweisen, scheuen sich diese Intriganten und ehrgeizigen Schurken nicht, sich als Denunzianten zu betätigen, die auf der Suche nach Opfern sind. Als Gipfel der Gemeinheit macht der Magistrat ebenso wie die Senatoren gemeinsame Sache mit dem Volk, das heißt, sie diskutieren die Verächtlichkeit mit den Sklaven.

Sind die Völker erst einmal so weit, so geht es auch noch weiter bergab, denn: extreme Ignoranz produziert extreme Gläubigkeit. Durch die ständige Lobhudelei über den Tyrannen, verkennen die Völker die ihnen zustehenden Rechte. Sehen also die Völker den Tyrannen nur noch mit pompösen Titeln, mit göttlichen Ehren, so sehen sie in ihm keinen gewöhnlichen Sterblichen mehr, sondern sie betrachten seine Befehle wie vom Himmel kommende Orakel, und sie bilden sich ein, blinder Gehorsam sei ihre erste Pflicht. Der Fürst ist nun absoluter Herr im Staat, er braucht nicht mehr zu allerhand Vorwänden und Ausflüchten seine Zuflucht zu nehmen, um seine Schandtaten zu beschönigen. Für ihn heißt es jetzt: Weg mit Gesetzen, Sitte und Anstand. Er raubt die Bürger nach Belieben aus. Nach der Wegnahme der Vermögen kommen Frauen und Kinder dran. Sie werden versteigert.

Caligula ließ alle, die ihm mißfielen, militärisch exekutieren. Er beschränkte sich nicht auf einige Senatoren, sondern bedrohte den Senat als Ganzes mit der Ausrottung. Aus seinem Palast machte er einen Ort der Prostitution und verkaufte dem römischen Pöbel Mädchen und Jünglinge, die er den besten Familien weggenommen hatte. Den Magistrat erniedrigte er, indem er aus Konsulatsroben Pferdedecken anfertigen ließ.

Der Magistrat wird erniedrigt bis zur Lächerlichkeit und muß sich zum Gaudium des Publikums als Possenreißer betätigen.*Nero zwang die Senatoren, sich als Schauspieler zu verkleiden und im Theater und Circus mitzuspielen.*

Der Allmacht ist nun nichts mehr hinzuzufügen, jetzt läßt der Fürst seine Launen spüren, gibt tyrannische Befehle und verbietet gleichzeitig, sich auch nur im mindestens darüber zu beklagen. Wer sich nicht einfügen will, wird zum Selbstmord getrieben.

Tiberius trieb die Grausamkeit so weit, ein Gesetz gegen solche Eltern zu erlassen, die die unglücklichen Opfer seines Wütens beweinten.
Philip der Schöne rottete den Tempelherrenorden aus. Durch schauerliche Qualen entriß er den Mitgliedern Geständnisse, über Verbrechen, die sie nie begangen hatten, die er ihnen vielmehr vorlegte. (Trevot Conc 81, 8.)
Charles I. hatte ebenfalls die Gewohnheit, die von ihm verurteilten unglücklichen Opfer zu Geständnissen über Verbrechen zu zwingen, die sie nie begangen hatten (Rushworlh, vol I, p. 670).

Schließlich begibt sich der Tyrann mit frevelhaftem Stolz in die Öffentlichkeit und genießt den Schrecken, den er verbreitet. Das Volk senkt den Blick, wirft sich ihm zu Füßen und verehrt ihn ohne Rücksicht auf das Unglück, das er im Staat verursacht. Er schäumt vor Wut, wenn er keine Gelegenheit sieht, Missetaten zu vollbringen. Caligula hätte gewünscht, daß das römische Volk nur einen einzigen Kopf besäße, um das Vergnügen zu genießen, ihn mit einem Schlag abzuhauen.
In dem Maße wie die Tyrannei in ihre letzte Phase übergeht, erreicht auch die Schmach der Völker ihren letzten Grad. Zusammengekrümmt unter dem Gewicht ihrer Ketten werden sie im Laufe der Zeit sogar noch Verfechter der Tyrannei.
Nero hatte einen scheußlichen Muttermord begangen. Was tat das Volk? Es stürzte in die Tempel, um den Göttern für diese Missetat zu danken, die eigentlich nach Vergeltung schrie. Die Senatoren selbst bestiegen das Capitol und befahlen öffentliche Gebete für das Wohl des Kaisers. Der Geburtstag seiner Mutter wird zu den Unglückstagen gezählt.

Weihrauch wird abgebrannt für Schandtaten, die gelinde gesagt mit dem Tode hätten bestraft werden müssen (Tacit. ann.).
Wie weit werden die Tyrannen wohl noch gehen? Ihre Macht haben sie bis zum letzten Exzeß ausgebaut, nun halten sie sich für Übermenschen (plus que des hommes), sie huldigen dem Wahn, sich für Gotter zu halten, und diese unterwürfigen Sklaven gehen so weit, sich gegenseitig mit der Ruhmesbetitelung des Tyrannen zu überbieten:
Die sklavischen Untertanen bewundern zitternd das Idol, das sie mit eigenen Händen geschaffen haben.
Diokletian wollte verehrt sein, was durch Edikt befohlen wurde.

Die Freiheit teilt das Schicksal vieler andrer Dinge des menschlichen Lebens. Sie weicht der Zeit, die alles zerstört, der Unwissenheit, die das Wichtige und Wesentliche nicht erkennt, dem Laster, das alles unterhöhlt und der Gewalt, die alles zermalmt.

Allerdings brauchen nicht immer alle Hilfsmittel für die Fürsten vorhanden zu sein, noch haben sie stets einen genauen Plan vor Augen.
Zum Glück für die Menschheit sind die Fürsten im allgemeinen ganz gewöhnliche Durchschnittsmenschen. Ihr Horizont ist begrenzt, und ihre Minister gleichen ihnen so stark, daß man sich auf ihren Dummheiten zuweilen vom Freiheitskampf ausruhen kann.
Gerechter Himmel! Wo kämen wir hin, wenn man in ihren weltumspannenden Intrigen nicht doch die Urheber erkennen würde? Wenn sie immer und ohne Autoritätsverlust zum Erfolg führen würden?
Auch in den Ministerien wird nicht immer ein und dasselbe Projekt konsequent verfolgt.

Mag es auch hin und wieder den einen oder anderen guten Fürsten, ohne Unterdrückungsambition, geben, so dürfte es sich jedoch in solchen Fällen um Furchtsamkeit handeln, die nicht zu tun wagt, was sie gern wollte.